Franz von Holtzendorff

Die Bruderschaft des Rauhen Hauses

Ein Protestantischen Orden im Staatsdienst

Franz von Holtzendorff

Die Bruderschaft des Rauhen Hauses
Ein Protestantischen Orden im Staatsdienst

ISBN/EAN: 9783743374454

Hergestellt in Europa, USA, Kanada, Australien, Japan

Cover: Foto ©Lupo / pixelio.de

Franz von Holtzendorff

Die Bruderschaft des Rauhen Hauses

Die Brüderschaft des Rauhen Hauses,

ein Protestantischer Orden im Staatsdienst.

Aus bisher unbekannten Papieren dargestellt

von

Dr. F. von Holtzendorff.

Vierte Auflage.

Berlin, 1861.
Lüderitz'sche Verlagsbuchhandlung.
(A. Charisius.)

I.

In den Verhandlungen des Preußischen Abgeordnetenhauses ist die Frage erörtert worden, ob es angemessen und gefahrlos sei, der Brüderschaft des rauhen Hauses, einer geistlichen Gesellschaft, den Dienst in den Strafanstalten des Staates anzuvertrauen. Von der einen Seite sind ernsthafte Befürchtungen, von andrer warme Lobeserhebungen gehört, von den Katholiken endlich Hoffnungen geäußert worden, daß ihren kirchlichen Congregationen eine gleiche Stellung eingeräumt werden möchte.

Was ist nun an allen diesen Ansichten das Richtige? Welches sind die Thatsachen, aus denen jene Schlüsse gezogen wurden? Man muß, um darauf antworten zu können, zunächst und vor allen andern Dingen wissen, welche Bewandniß es mit den Brüdern des rauhen Hauses hat. Sind dieselben wirklich nur Apostel der „inneren Mission," oder nur interessirte, mit verhältnißmäßig hohem Subalterngehalte ausgerüstete Beamte, welche aus einem brodlosen Handwerkerstande zu gleichzeitigen Trägern einer protestantischen Hierarchie emporgekommen sind? Oder sind sie Apostel, Handwerker, Beamte zu gleicher Zeit?

Bis vor Kurzem waren wir außer Stande, auf diese Fragen genügende Auskunft zu ertheilen. Ohne unser Zuthun und ohne irgend welche Bemühungen sind uns nunmehr authentische Altenstücke aus den Personalakten eines ehemaligen Bruders, aus Schriftstücken bestehend, welche fast sämmtlich von Dr. Wichern unterzeichnet sind, zugegangen. Sie setzen uns in den Stand, wichtige Aufklärungen zu geben.

Wir halten die Mittheilung des wesentlichen Inhalts für unsere Pflicht, für eine durch die Interessen des Staates, durch die Anrechte der Zukunft an den Fragen der Gegenwart gebotene Pflicht. Ohne auf die Neugier des Tages zu rechnen, welcher anziehendere Stoffe geboten werden können, glauben wir dennoch einen Gegenstand zur Besprechung zu bringen, der von großer Bedeutung ist; Thatsachen zu berichten, welche die höchste Beachtung des Politikers, des gewissenhaften Staatsbeamten, der gesammten Kirche verdienen. Diese Thatsachen sprechen so sehr für sich selbst, daß wir mit unserem eigenen Urtheil zurückhaltend sein dürfen. Möge jeder, nachdem er von den Thatsachen Kenntniß genommen, selbständig urtheilen, ob man in der Brüderschaft des rauhen Hauses einen protestantischen Orden, Anfänge einer für die Zukunft bedeutenden Organisation, eine neue Grundlage staatsgegensätzlicher Bestrebungen erkennen will.

Was das rauhe Haus bei Hamburg bedeutet, weiß jedermann. Unabhängig von kirchlichen oder politischen Ueberzeugungen, trotz aller Verschiedenheit in den Auffassungen desjenigen, was zur Rettung verwahrloster Jugend, zur Besserung jugendlicher Gefangener geschehen soll, wird Niemand einer Einrichtung seine Anerkennung versagen, deren Ruhm über die Grenzen Deutschlands hinausreicht, deren Vorbild ähnliche Schöpfungen des Auslandes hervorgerufen hat, deren Entstehung in eine Zeit fällt, wo die bloße Privatthätigkeit nicht ermuthigt wurde, große sociale Aufgaben selbständig zu erfassen, wo das öffentliche Interesse und das Vereinswesen keinen Rückhalt boten für gemeinnützliche Unternehmungen des Einzelnen.

Aus dem Beamtenpersonal dieses Rettungshauses entwickelte sich im Verlaufe der Zeit jene gegenwärtig festgeschlossene, selbstbewußte Brüderschaft des rauhen Hauses, welche trotz ihrer subalternen Stellung im Staats- und Gemeinde-Dienste 1858 befähigt war, bei

Gelegenheit der vom rauhen Hause begangenen fünfundzwanzigjährigen Gründungsfeier eine Stiftung von 500 Thalern für ihre gemeinschaftlichen Zwecke zu errichten.

Die uns vorliegende Liste der aus dem rauhen Hause entlassenen Brüder beginnt mit dem Jahre 1837 und endigt mit dem Jahre 1858. Sie umfaßt: Geistliche, Colonistenprediger, Hausverwalter in Armen- und Krankenhäusern, Vorsteher von Rettungshäusern, Aufseher in Waisenhäusern, Schullehrer, Inspektoren, Werkmeister, Aufseher in Strafanstalten, Stadtmissionäre, welche zum geringeren Theile außerhalb Deutschland, überwiegend aber in Deutschland selbst und vorzugsweise in Preußen wirken. Einige, mehr zum Weltlichen geneigte Brüder haben es sogar zum Kaufmann, Eisenbahn-Director und Advocaten gebracht. Nach einem im Jahre 1858 ausgegebenen Verzeichnisse, welches sämmtliche ehemals und neuerdings der Bruderschaft angehörige Mitglieder, einschließlich der Verstorbenen und Ausgeschlossenen unter 309 Nummern aufführt, waren 101 Namen in Preußen wirksam gewesen oder noch wirksam geblieben.

Alle diese Männer durch Gemeinsamkeit des Berufes und der Anschauungen, deren Kern die „innere Mission" bildet, durch die Disciplin des rauhen Hauses eng mit einander verbunden, durch besondere Einrichtungen im Verkehr zu einander gesetzt, von einer einheitlichen Spitze aus geleitet, durch materielle Interessen zum Theil aneinander geknüpft, gegen Außen in gewissen Beziehungen abgeschlossen, und in bestimmten Vereinigungen hierarchisch gegliedert, finden ihren örtlichen Centralpunkt in dem rauhen Hause zu Hamburg.

Die Bedingungen, von denen die Aufnahme in das rauhe Haus und die Vorbildung für die Zwecke der inneren Mission in einem wenigstens dreijährigen Cursus abhängig gemacht sind, kommen dabei wenig in Betracht. Doch muß bemerkt werden, daß ein bestimmtes Alter, eine gewisse pecuniäre Lage, welche den unentgeltlichen Dienst, abgesehen von freier Station, möglich macht, eine kräftige Gesundheit, eine unbedingte Anerkennung des Gehorsams gegen die Hausordnung der Anstalt, Versprechen des Cölibats bis zur Fähigkeit, einen selbstständigen Haushalt zu gründen, Nichtverlobtsein und die Einreichung eines Lebenslaufes erfordert wird, in welchem anzugeben ist, welche Bücher der Aspirant in den letzten Jahren gelesen, welche Prediger er mit besonderem Segen gehört und welcher Beweggrund den Eintritt in das rauhe Haus wünschenswerth macht.

Es ist selbstverständlich, daß den Zwecken des Instituts entsprechend die Disciplin des rauhen Hauses zunächst an den Aufsehern desselben mit Strenge gehandhabt werden muß, und kann nicht auffallen, daß ein Bruder blos deswegen entlassen wurde, weil er sich heimlich verlobt hatte. Wir enthalten uns von vornherein jedes Urtheils über die Ordnung des rauhen Hauses, soweit dieselbe auf den Besserungszweck für verwahrloste Kinder berechnet ist und bemerken nur, daß die im Brüderhause zu Horn jeweilig anwesenden Genossenschaftsmitglieder den Titel der Hausbrüder, zum Unterschiede von den entlassenen sogenannten Sendbrüdern und den in freierer Weise zur Genossenschaft gehörenden Freibrüdern, führen.

Was ist nun diese Genossenschaft ihrer eigenen Auffassung nach? Wie soll dieselbe aus sich selbst definirt werden? Eine etwas abstrakte Definition in den vorläufigen Ordnungen vom Februar 1858 sagt:

„Die Brüderschaft des rauhen Hauses steht als eine Familie um das rauhe Haus, als ihren Mittelpunkt in brüderlicher Gemeinschaft gesammelt, um dem Herren in seiner evangelischen Kirche und zwar in der evangelischen Kirche Deutschlands zu dienen, damit auch durch ihren Dienst innerer Mission das Reich Gottes in unserem Volke gebaut werde in Kraft seines heiligen Wortes und in Erweisung der barmherzigen Liebe, die aus dem Glauben stammt und an welcher der Herr einst (Matth. 25, 40.) die Seinen erkennen wird."

Also eine Definition, welche auf jede Gemeinde passen würde, sobald man den Namen der besonderen Ortskirche einreihen wollte!

Etwas concreter klang eine Definition aus dem Jahre 1846. Damals erschien der vierte Bericht über die Brüder des rauhen Hauses als „Seminar für innere Mission unter deutschen Protestanten."

Entweder war damals der gegenwärtig vorhandene Plan noch nicht reif, oder die Bescheidenheit war zu groß, wenn sie sich mit einem Seminar begnügte. Denn in einem Umschreiben des Dr. Wichern an die Brüder des rauhen Hauses vom 28. Dezember 1855 heißt es:

„Es war hohe Zeit, öffentlich die Vorstellung abzuwehren, als ob unser Brüderhaus nichts als ein sogenanntes Seminar sei, in das man geht, um für sich etwas zu lernen und aus dem man scheidet, um später von einander geschieden zu bleiben; denn wenn nach vollendetem Cursus auf einem Seminar später vielleicht Einzelne als persönliche Freunde verbunden bleiben, so ist das nur zufällig und nicht wesentlich, und geht jedenfalls nur Einzelne, nicht Alle an. — Die bleibende Verbindung der Personen durch die Eine Gesinnung des Glaubens und durch die Eine gemeinsame Arbeit des Berufs kommt an solchen Stellen nicht zu Stande; dies Bleibende und diese Ordnung in dem Bleibenden ist das Eigenthümliche unserer Verbindung. Der bleibende Zusammenhang ist eben der Bruderbund; diese bleibende, vorwärtsgehende, einander dienende Gesinnungs- und Berufsverwandschaft bildet die Brüderschaft."

Als Resultat dieser Selbstschau finden wir also einige kleine Verschiedenheiten der Auffassungen oder einen historischen Fortschritt der Entwickelung. Da wir den Brüdern des rauhen Hauses alles andere eher zutrauen, als Unklarheit, so nehmen wir den historischen Fortschritt an in folgender Progression: 1846 ein Seminar, wie in dem Berichte ausdrücklich (S. 5) gesagt wird, als ein von höherer Hand gebildeter Sammelpunkt; 1855 eine durch die Hand des Dr. Wichern gebildete Genossenschaft von bleibender Natur;

1858 eine Familie. Man sieht also, daß die Bande sich fortwährend verengern und zusammenziehen. Heut zu Tage darf man wenigstens behaupten, daß diese Familie Fortpflanzungsvermögen und zeitliche Güter besitzt — ein Familienfideicommiß von Ordensregeln. Untersuchen wir zunächst den **inneren Zusammenhang der Familienmitglieder.**

II.

Eine dreijährige, zum Theil länger dauernde Berufsarbeit in fortwährender Gemeinschaft von Tisch und Bett erzeugt ganz gewiß gemeinsame Vorstellungen und ruft das Gefühl der Zusammengehörigkeit in hohem Grade wach. Aeußerlich abgeschlossen vom städtischen Leben, überwacht durch eine strenge Disciplin, aneinandergekettet durch die Gewohnheit häufig wiederholter gemeinschaftlicher Betübungen, enthält die Brüderschaft unzweifelhaft schon die inneren Keime einer festen Organisation. Es kommt nur darauf an, dieselben nicht wieder verkümmern zu lassen, das gewohnheitsmäßige Element kirchlicher Uebungen selbst dann noch lebendig zu erhalten, wenn die entlassenen Brüder des rauhen Hauses in alle Welt ziehen, um selbständig zu wirken gleich den Bienen, welche aus dem Stocke schwärmen, um auf entfernten Blumen Honig zu sammeln, der gemeinschaftlich verwerthet werden soll.

Dieses Ziel wird ziemlich leicht erreichbar sein. Bekanntlich hat jeder Tag des Jahres im rauhen Hause seinen eigenen Tagesspruch aus der Bibel oder vielmehr der sogenannten dreifältigen Schnur, über welche Gutzkow in seinen „Unterhaltungen am häuslichen Heerde vom Jahre 1853" näher berichtet. Jeder weiß also, was jeder außer ihm und mit ihm täglich zu denken hat, wenn ihm dieser Tagesspruch vor Augen steht.

Außerdem wird aber noch durch die Spitze der Brüderschaft beim Ende des alten oder Beginn des neuen Jahres ein Jahresspruch, gleichsam als geistliche Parole ausgegeben und allen Brüdern mitgetheilt, wobei sich mancherlei biblische Beziehungen zu den Aufgaben des rauhen Hauses als benutzbar herausstellen.

Der Jahresspruch wird jeden Sonntag Morgen in der Frühandacht vom ganzen Hause im Betsaal laut im Chor gesprochen. Zur gleichen Stunde sollen, wie im Rundschreiben an die Brüder von 1853 gewünscht wird, alle entlassenen Brüder einzeln oder gemeinschaftlich, in Kirche oder Haus, dasselbe thun, so daß sich gleichsam eine elektrische Kette ununterbrochen durch Zeit und Raum in den Gemüthern der Brüder fortpflanzen kann. Ebenso besitzen die entlassenen Brüder einen besonderen Jahresspruch, welcher gleichfalls des Sonntags in der Frühe durch die im rauhen Hause anwesenden Brüder laut gesprochen und mit einem allgemeinen „Amen" der ganzen Versammlung einschließlich der noch zu bessernden Kinder beschlossen wird.

Ein weiteres Mittel der Vereinigung wird gewonnen durch die Versammlungen am ersten Tage eines jeden Monats, in welchem eine gemeinschaftliche gegenseitige Fürbitte stattfindet und die Namen aller Brüder laut im ganzen rauhen Hause genannt werden. Dadurch werden die außerhalb dienenden Brüder der jüngeren Generation persönlich oder dem Namen nach bekannt und fortwährend im Gedächtnisse erhalten. Ein gewisser Ehrgeiz unschuldiger Art mag gleichzeitig auf diese Weise befriedigt werden. Man kann dies aus einer bemerkenswerthen Stelle eines Umschreibens schließen, in welcher es heißt:

„Kein Wort verliere ich über den sonderbaren Mißverstand mehrerer Brüder, als ob die, welche nicht genannt würden und sich zu diesem gemeinschaftlichen Gebet am genannten Tag nicht haben anschreiben lassen, von unserer gemeinschaftlichen Fürbitte, wenn wir der entlassenen Brüder gedenken, ausgeschlossen wären. Wie konnte das jemand glauben!"

Der Obere corrigirt hier den unverständigen Eifer kirchlicher Subalternbeamten, welche das Gebet für Andere als einen Artikel betrachten, dessen Leistung durch Gegenlieferungen bestimmt wird.

Endlich wird das Gefühl kirchlicher Zusammengehörigkeit belebt durch die Einrichtung, daß sämmtliche Genossen der Brüderschaft, wo sie sich immer aufhalten mögen, an zwei vorausbestimmten Tagen des Jahres zur Abendmahlfeier zusammentreten. Auch bei dieser Gestaltung bewährte sich die Erfahrung, daß überall bei kirchlichen Organisationen die Neigung vorwaltet, das ursprünglich Freie in zwingende Formen zu bannen. Es bedurfte wiederum gegenüber dem Eifer Anderer einer ausdrücklichen Erklärung zur Belehrung derjenigen, welche glaubten, daß durch die zweimalige gemeinschaftliche Abendmahlfeier der Einzelne das Recht verloren habe, an anderen Tagen nach seinem Belieben das Sacrament zu nehmen.

In diesen Anordnungen, in diesen allseits übernommenen Verpflichtungen ist das freie Element religiöser Ueberzeugungen mit dem kirchlich Mechanischen und persönlich Gewohnheitsmäßigem auf eine äußerst geschickte Weise zu einem Ganzen verbunden, das einen inneren Abschluß gegen äußere Lebensverhältnisse und den Wechsel der Umstände darstellt, zur Geschlossenheit drängt, das Selbstbewußtsein fördert, den lebendigen Zusammenhang aller Brüder dem Bewußtsein nahe legt.

Damit aber auch eine gewisse Abwechselung vor Ermüdung schütze, werden von Zeit zu Zeit im rauhen Hause Briefe der Sendbrüder verlesen, in denen ihre Schicksale, Erlebnisse, Familienverhältnisse, Reisen und, wenn dies von frommen Leuten überhaupt gesagt werden könnte, Abenteuer mitgetheilt werden. So gelangt denn in der Hierarchie des Glaubens das individuelle Element zur Geltung, Persönlichkeiten treten hervor und zurück, die Theilnahme wird erregt, die Familie gewinnt an Mannigfaltigkeit.

III.

Wenn eine solche geistliche Familie dauernd vereinigt bleiben soll, genügen aber die einfach innerlichen Beziehungen zu einander nicht. Es bedarf äußerer Mittel des Verkehrs in einer doppelten Richtung nach dem gemeinschaftlichen Mittelpunkte und untereinander. Jeder muß in den Stand gesetzt sein, augenblicklich eine Uebersicht zu gewinnen, von dem Inventarium, das ihm zur Benutzung gestellt ist.

Eine Correspondenz muß eingeleitet werden. Schon frühzeitig erkannte Dr. Wichern diese Nothwendigkeit, welche zu verschiedenartigen, im Laufe der Zeit fortwährend vervollkommneten Verkehrsformen führte. Ein regelmäßiger brieflicher Verkehr wurde bei der zunehmenden Anzahl der Brüder sehr bald zur Unmöglichkeit; Presse und Lithographie mußten aushelfen. Obwohl das rauhe Haus eine eigene Druckerei schon längere Zeit besaß, so ist die Gefahr der Oeffentlichkeit dennoch in solchem Maße vorhanden, der Kostenpunkt so sehr zu berücksichtigen, daß die einfache Lithographie zunächst benutzt werden konnte zur Mittheilung gemeinschaftlicher Angelegenheiten.

Mit dem Jahre 1852 begannen die Rundschreiben des Dr. Wichern an die Brüder des rauhen Hauses, deren erstes in gesperrter Schrift besagt:

„Dieser Brief ist durchaus statt Handschrift gedruckt für die entlassenen Brüder und diejenigen früheren Hausgenossen, die Mitarbeiter im rauhen Hause gewesen sind; für diese allein ist dieser Brief bestimmt und ist nur ihnen allein zugesandt."

Wir können, wie wir nochmals wiederholen, nichts dafür, daß diese Rundschreiben, von denen die uns vorliegenden 13 Nummern den Zeitraum bis 1859 umfassen, in unsere unberufene Hände gerathen sind. Im Großen und Ganzen ist indeß zu unserem Troste wenig vorhanden, was geheim gehalten zu werden verdient. Persönliche Angelegenheiten einzelner Ordensmitglieder übergehen wir selbstredend.

Niemand wird sich wundern, daß bei den Angelegenheiten der inneren Mission gewisse Angelegenheiten verborgen gehalten werden. Die Ansprachen an das Publicum, worin zu Geldbeiträgen und milden Spenden aufgefordert wird, müssen nothwendig andere sein, als der innere Verkehr mit den Familienmitgliedern, denen abwechselnd Erfreuliches, wie die Anstellung eines Genossen, bald Anstößiges, wie die Entlassung einiger Brüder wegen unzüchtigen' Lebenswandels, bald Aufklärungen, wie über den Küglerschen Erschießungsfall in der

Strafanstalt zu Moabit, bald Ermahnungen zur Vorsicht gegenüber den Verlockungen der Sinnenwelt unter Beibringung der darauf bezüglichen Bibelcitate mitgetheilt werden.

Was aber wunderbar erscheinen kann, ist die geringe Zuverlässigkeit der Brüder, welche das Gebot des Schweigens und der Geheimhaltung trotz wiederholter Einschärfungen sehr häufig zu brechen geneigt sind. Der „Teufel der Schwatzhaftigkeit" mag Manchen plagen. In dem zweiten Rundschreiben (1853) wird gebeten,

„daß der Herr ferner den Bund der Rauhhäusler Brüder stärken wolle, dem Teufel zum Verdruß, dem Herren zur Ehre und zur Seligkeit."

Am Schluße des dritten Umschreibens heißt es ferner:

„Einige der schwersten und drückendsten Sorgen sind mir daraus entstanden, daß so manche Brüder nicht im Stande sind, diskret zu sein über das, was nur uns, die Brüder und deren Verhältniß zu hier und zu mir angeht, so daß z. B. das, was ich Ihnen über Ihre Angelegenheiten schreibe und namentlich auch diese Briefe nachher ohne alle Rücksichten verbreitet werden. Dadurch sind mir zum großen Theil die größten Unannehmlichkeiten nicht blos, sondern Verhandlungen veranlaßt, die unsrer ganzen Sache und gemeinsamen Arbeit schweren Schaden bringen. Die inneren Erlebnisse einer Familie und eines Hauses gehören nur der Familie an und dürfen nicht herausgetragen werden. Wir sind solche Familie, die auch ihre besonderen Erlebnisse, Leiden und Freuden hat. Wenn ich wüßte, daß die Brüder verschwiegen wären, würde ich Ihnen noch manches mittheilen können, was ich jetzt leider verschweigen muß, um damit keinen möglichen Schaden zu veranlassen."

Diese kleinen Familiengeheimnisse, deren „Veröffentlichung die größten Unannehmlichkeiten und sogar Verhandlungen veranlaßt," erregen zwar die Neugier im hohen Grade, namentlich insofern, als es darauf ankäme zu erfahren, mit wem Verhandlungen gepflogen wurden; allein wir sehen uns außer Stande, hierüber Näheres mitzutheilen.

Die Umschreiben haben einige Aehnlichkeit mit den Hirtenbriefen und Encyclicis der Päpste, von denen sie sich freilich durch die Tendenz der Geheimhaltung unterscheiden. Die Aehnlichkeit besteht nämlich darin, daß sie gegenüber den Ordensbrüdern eine gewisse höhere Autorität zu behaupten suchen, ein Monopol der Wahrheit gegenüber der Zeitungen, welche gleichsam auf den Index librorum prohibitorum gesetzt werden. Der Gewissenszwang geht zwar nicht soweit die Zeitungslektüre zu verbieten, allein sie werden für unglaubwürdig erklärt, soweit sie das rauhe Haus besprechen und in den Kreis ihrer Nachrichten ziehen könnten.

Um unsererseits eine Unglaubwürdigkeitserklärung zu vermeiden, citiren wir aus dem siebenten Rundschreiben (1857) einen Passus:

"In diesem Berichte des Beiblattes werden Sie denn auch dessen Erwähnung finden, daß ich nächstdem zum erstenmale für den Winter nach Berlin übersiedeln werde. Es ist an dieser Einrichtung nichts geändert; und was Ihnen etwa die Zeitungen und andre Nachrichten darüber sagen, dem Alle haben Sie nicht zu glauben."

Man darf mit Bestimmtheit voraussetzen, daß Dinge, an deren Geheimhaltnng viel gelegen ist, dem lithographirten Umschreiben nicht anvertraut werden. Nachdem man einmal ungünstige Erfahrungen gemacht hat, wird man vorsichtig. Uebrigens sind die Umschreiben eine Art der Correspondenz, welche nur für allgemeine Angelegenheiten geeignet ist. Wie sich die Brüderschaft nach Außen hin als Familie betrachtet und abschließt, so giebt es vermuthlich innerhalb der Familie wiederum persönliche Angelegenheiten, welche nur das Familienhaupt oder doch Einzelne betreffen, und deswegen in anderer Form verhandelt werden müssen als die allgemeinen, jedermann betreffenden Gegenstände.

IV.

Ein regelmäßigerer und bequemerer Verkehr, als ihn die Umschreiben gestatteten, wird durch die für die Zwecke des rauhen Hauses gegründeten fliegenden Blätter möglich gemacht. Da die Umschreiben den Einzelnen, welcher umherzieht und wandert, nicht immer treffen können, so ist es ein vortrefflicher Gedanke, die fliegenden Blätter als Mittel der Belehrung und Einwirkung, gleichzeitig aber auch als ein Organ zu persönlichen Mittheilungen an und durch die Brüder zu benutzen. Um diesen Zweck zu erreichen, ist es freilich unerläßlich, daß jeder Entlassene diese Blätter halte und gewissenhaft mit seinem Scherflein bezahle. In Wahrheit gehört dies auch zu den durch die Ordnungen des rauhen Hauses aufgestellten Bruderpflichten.

Die fliegenden Blätter bringen ferner in einer chiffrirten Brüdercorrespondenz, zu der nur die Brüder den Schlüssel haben, die laufenden Nachrichten.

Wir lassen vorläufig ganz dahin gestellt, aus welchen Gründen diese Geheimsprache eingeführt worden ist. Wir vermuthen aber nicht, daß man etwa, um Druckkosten zu ersparen, oder um dem Publikum eine vielleicht langweilige Lektüre unmöglich zu machen, auf diesen in seiner Ausführung wichtigen Gedanken gekommen ist. Unter Umständen wird dieser in Mitten der Oeffentlichkeit vermittelst der Presse betriebene Geheimverkehr von hohem Werthe sein. Das Mindeste, was er bewirken kann und muß, ist das Bewußtsein der Standesgeschlossenheit nach Außen, der festen Organisation, der eigenthümlichen Zusammengehörigkeit. Wäre nur dies Eine dadurch zu erreichen, so bliebe eine solche Einrichtung immer von Werth.

Ueber den Schlüssel zur geheimen Correspondenz spricht sich Dr. Wichern in einer vertraulichen Mittheilung an die Brüder folgendermaßen unter dem 12. Mai 1853 aus:

„Es ist meine Absicht, künftig regelmäßig in den Fl. Bl. Mittheilungen ganz besonders für die Brüder zu machen, so weit dies natürlich in so öffentlicher Weise geschehen darf. Aber aus mehrfachen Gründen erscheint es nicht zweckmäßig, daß die Namen der einzelnen Brüder in den Fl. Bl. genannt werden. Daher werde ich statt der Namen Zahlen in Anwendung bringen, die nur dem verständlich sind, der den Schlüssel dazu hat. Diesen Schlüssel gebe ich in der nachfolgenden Uebersicht A. Ebenso sollen die verschiedenen Berufsarten nicht immer genannt, sondern mit großen Buchstaben bezeichnet werden, nach dem unter B. aufgestellten Schema. Außerdem sind noch einige Zeichen hinzugefügt. Auf diese Weise wird es vielleicht auch möglich sein, mancher Brüder Anfragen durch die fliegenden Blätter zu beantworten, ohne daß jemand, außer wer den Schlüssel hat, wissen kann, wem das Wort gilt."

Um der Brüderschaft die Mühe zu ersparen, einen neuen Schlüssel auszuarbeiten, verzichten wir recht gern auf eine vollständige Mittheilung des Ganzen. Auch ist für die Brüderschaft kaum zu befürchten, daß irgend jemand außer ihr sich des Schlüssels bedienen wird, um dahinter zu kommen, was Bruder x oder Bruder y mit einander zu flüstern haben. Die Existenz der Sache ist vorläufig von größerer Wichtigkeit, als ihre augenblickliche Verwendung zu Dingen, welche für uns glücklicherweise gar kein Interesse darbieten. Um aber die Art der Correspondenz zu vergegenwärtigen, geben wir einen kleinen Theil des Schlüssels.

Uebersicht A. enthielt also die Namen, welche in Ziffern auszudrücken sind, und zwar in Klammern: (1) Wichern. (2) Baumgarten. (3) Hahl. (4) (Möller) Z. (5) (Hennig) W. (6) Schlabermund. (7) Bauer. (8) (Huppe.) (9) Hansen u. s. w.

Uebersicht B. enthält persönliche Angelegenheiten in Buchstaben:

K. A. = Kinderanstalt. B. A. = Brüderanstalt. E. B. = sämmtliche entlassene Brüder. A. = Hausvater. A^a. = Gehülfe. C. = Hausvater im Waisenhause. C^a. = Gehülfe im Waisenhause. E. = Aufseher in einer Strafanstalt. E^b. = Polizeiinspektor ebendaselbst. E^c. = Werkmeister ebendaselbst. E^d. = Lehrer ebendaselbst. K. = Armenpfleger. M. = Schulmeister. P. = Agent für irgend welchen Zweck der innern Mission. Q. = Colporteur. U. = Pfleger in irgend einer gewerblichen Privatanstalt. W. = ist uns vollstänbig aus der Kunde gekommen. X. = als unfähig entlassen. Y. = selbständig abgegangen. Z. = als unwürdig ausgeschlossen. M. u. F. = hat sich verheirathet.

Eine dritte Uebersicht enthält die Chiffren für Ortsnamen in deutschen Buchstaben, die Provinzen der Länder in Römischen Ziffern, Stern als Bezeichnung der Hauptstädte z. B. P. = Preußen; P. I. = Provinz Preußen; P.* = Berlin; P. I.* = Königsberg; P. III.° = Hinterpommern.

Im Zusammenhange beispielsweise (1) i. z. von P. IV.* = Wichern ist von Breslau zurück gekehrt, oder 206. M. nahe bei P. * = Bruder Heinrich ist Schulmeister in der Nähe von Berlin.

Mag man in diesem Schlüssel vorläufig Abbreviaturen erblicken, die wenig zu bedeuten haben, oder eine Spielerei — gleichviel. Eingestanden ist dennoch immer der Zweck, daß auf solche Weise Nachrichten zu vermitteln sind, welche geheim gehalten werden sollen. Aus kleineren Anfängen können sich je nach den Umständen weitere Fortschritte entwickeln lassen. Der Gedanke, die Presse selbst zur Geheimsprache öffentlich zu verwenden, ist ein sehr geistreicher zu nennen, und es ist bemerkenswerth, daß einem Theologen diese Entdeckung gelungen ist, die unter veränderten Verhältnissen für geheime politische Verbindungen, für strafbare Complotte, für verbrecherische Unternehmungen von Räuberbanden verwerthet werden kann. Sobald sich gewisse unter einander bekannte Persönlichkeiten, z. B. eine Gesellschaft von Falschmünzern eine Chiffre verschafft, wird es ihr möglich sein, durch ein unbemerktes, von Niemand beachtetes Inserat in einer vorher verabredeten Zeitung die Ausführung ihrer Pläne zu berathschlagen und festzusetzen.

Wenn es sich um ganz gleichgültige Dinge handelt, bedarf man einer Zeichensprache nicht. Soviel Hochmuth trauen wir wenigstens der innern Mission nicht zu, daß sie annehmen sollte, irgend jemand werde auf ein Blatt abonniren, um zu erfahren, wo sich der Bruder Nr. 180 aufhält und ob ihm ein Kind männlichen Geschlechts von seiner Frau zweiter Ehe geboren worden ist. Um bloße Abbreviaturen handelt es sich gleichfalls nicht, da die Geheimhaltung des Schlüssels den Brüdern zur strengsten Pflicht gemacht worden ist. Wir überlassen daher jedermann seinen eigenen Vermuthungen.

V.

Es handelte sich bisher um die rein geistlichen Berufsinteressen der Brüderschaft und um die Mittel, das Sondergefühl in den Mitgliedern derselben wach zu erhalten, zu sichern gegen die Einflüsse räumlicher und zeitlicher Trennung. Allein ein moderner Menschenkenner wird auf den Gedanken verfallen, daß außer dem Gebet die Menschen auch durch materielle Interessen zusammen gehalten werden können. Das eine schließt das andere nicht aus. Die Städte, welche industriell am weitesten fortgeschritten sind, pflegen gleichzeitig bedeutende Kapitalien an Frömmelei aufzuspeichern. Und umgekehrt kann man es kirchlichen Bestrebungen kaum verargen, wenn sie sich die Fortschritte nationalöconomischer Erkenntniß aneignen. Eine intelligente Hierarchie wird ganz gewiß nicht, wie einige kurzsichtige Pastoren, gegen Lebensversicherungen predigen, weil sie aus einem mangelnden Vertrauen in die göttliche Vorsehung hervorgegangen sind.

Der durchaus praktische Geist der inneren Mission, welcher alles für seine Zwecke zu verwenden weiß, zeigt sich auch in der Errichtung der Hülfskasse für Brüder, welche seit mehreren Jahren in Angriff genommen worden ist. Jeder Neuhinzutretende hat bei seiner Aufnahme in das rauhe Haus einen Thaler an diese Kasse zu entrichten, und überdies später einen sogenannten Bruderthaler als jährlichen Minimalbeitrag einzusenden. Abgesehen von diesen geringfügigen Beiträgen war aber auch bei diesem Unternehmen von vornherein auf die Betheiligung der Privatwohlthätigkeit zu rechnen, und die Aussicht auf eine reichliche Ausstattung keineswegs grundlos. Als es sich um die erste Begründung der Hülfskasse für später invalide gewordene Brüder oder für etwa zurückbleibende Wittwen und Waisen handelte, war von mehreren Seiten der Wunsch ausgesprochen worden, der

Sache eine bestimmte juristische Form zu geben. Dies wurde indeß abgelehnt wegen der angeblich vorhandenen Schwierigkeiten. Obwohl aber keine Policen ausgefertigt werden, und kein bestimmt formulirter Anspruch auf Unterstützung existirt, so kann dennoch nicht der mindeste Zweifel an der gewissenhaften Verwaltung erhoben werden. Die eingehenden Beiträge werden in den fliegenden Blättern quittirt, die Rechnungsablegungen in bestimmten Zwischenräumen durch ein besonderes Curatorium bewirkt. Der erste Jahresabschluß ergiebt 303⅔ Thlr. für den Dezember 1854, wovon etwa die Hälfte durch Geschenke dritter Personen beschafft worden war. Einige Jahre darauf (1858) zählte der Fonds 1011 Thlr. 21 Sgr. 9 Pf., welche bei der Agentur des rauhen Hauses belegt und mit 5% verzinst waren. Ohne Zweifel wird derselbe gegenwärtig in den Tausenden betragen, um so mehr, als von jedem Bruder erwartet wird, daß er die Kasse über den ordnungsmäßigen Betrag hinaus mit außerordentlichen Gaben unterstützt. Ein bestimmter Anspruch an Unterstützungsgelder existirt, wie wir bereits bemerkt haben, nicht. Bei der Aufnahme in die Brüderschaft verpflichtet sich vielmehr jeder, allen Ansprüchen an die Kasse zu entsagen für den Fall, daß er später wieder austritt, oder durch die geordnete Jurisdiction des Oberconvicts ausgeschlossen wird. Um so größeres Interesse hat ein Jeder sich der Disciplin zu befleißigen und alles zu vermeiden, was ihn einem immerhin empfindlichen Verluste aussetzen würde. Man kann dem Augenblicke entgegensehen, wo die Hülfskasse über ansehnliche Kapitalien verfügen wird. Dem inneren Antriebe zur Unterwerfung unter die Ordnung ist ein bedeutendes Motiv hinzugetreten, welches in heutiger Zeit auch von frommen Menschen mehr gewürdigt wird, als zu den Zeiten des heiligen Franz von Assisi. Die Zeiten der Bettelmönche sind unvolksthümlich geworden. Ein gutes Auskommen wird höher geschätzt, als das Gelübde der Armuth. Eine Hülfskasse heißt in der Sprache der rauhen Brüder „ein von Gott gesegneter Nothpfennig" für diejenigen, welche sich alle als Genossen eines "βασίλειον ἱεράτευμα" bewußt sind. Die Familie, in deren Angelegenheiten Niemand forschend einzudringen hat, ist somit auf eine äußere Grundlage gestellt, welche Bürgschaften ihres Fortbestehens, Anregungen zu weiterer Entwicklung darbietet.

In diesem pecuniären Interesse liegt gleichzeitig eine Caution, welche jeder Bruder für die Erfüllung seiner religiösen Pflichten zu bestellen hat. Die inneren Ordnungen der Brüderschaft bestimmen nämlich, daß jeder Bruder, wegen Zuwiderhandlung oder Nachlässigkeit gegen das gewohnheitsmäßige Gebet zunächst von zwei höheren Instanzen, dem Vorsteher und dem Oberconvict verwarnt und demnächst ausgeschlossen wird, wodurch gleichzeitig der Verlust jener Caution eintritt, eine im Voraus gut geheißene und von den Genossen genehmigte Confiscation.

Diese bei Verlust der Mitgliedschaft und bei Geldbuße inne zu haltenden Bestimmungen sind insbesondere folgende:

„1) Das Band der Gemeinschaft wird in der Brüderschaft aufrecht erhalten durch den gemeinsamen täglichen Gebrauch des göttlichen Wortes heiliger Schrift, daraus ein Jeder sich und sein Haus erbauen, sein Tagewerk also heiligen und nicht aufhören soll, fleißig in ihr zu forschen, um an lebendiger Erkenntniß zu wachsen und am inwendigen Menschen zuzunehmen.

2) Ferner durch die Gemeinschaft des Gebetes und der Fürbitte, daß der Herr das Kommen seines Reiches in der Christenheit durch treue Predigt des göttlichen Wortes wahre und unter dem Segen seines Wortes auch die Brüderschaft mit seinem heiligen Geist erfülle, das Werk ihrer Hände fördere, allen Schaden und alle Anläufe des Bösen von ihr fern halte, und, wo er sie zuließe, uns im Glauben den Sieg gewinnen lasse. Namentlich soll solche Fürbitte am ersten Tage jedes Monats überall im Hausgottesdienste gethan werden, wie das nicht nur immerdar sondern vornehmlich auch an diesem Tage im Hausgottesdienste des rauhen Hauses geschieht. Ebenso sollen alle Brüder an diesem Tage gemeinsame Fürbitte thun für die Ausbreitung des Reiches Gottes unter den Heiden, und daß

der Herr sich Boten erwecke; und die er gesandt hat, stärke, damit sein Wort laufe bis an die Enden der Erde.

3) Auch verbinden sich alle Genossen, Gemeinschaft mit der Brüderschaft zu halten, im regelmäßigen täglichen Gebrauch der Jahressprüche, welche sie alljährlich zugesandt erhalten, wie dieselben auch um solcher Gemeinschaft willen in den täglichen Hausgottesdiensten des rauhen Hauses gebraucht werden.

4) Sie verpflichten sich, Theil zu nehmen an den kirchlichen Gottesdiensten, der Gnadenmittel sich fleißig zu bedienen und sich in jeglicher Weise als lebendige Glieder ihrer Gemeinde und der evangelischen Kirche zu beweisen, insonderheit auch an den beiden gemeinsamen Abendmahlsfeiern der Brüderschaft, am ersten Adventstage und am Charfreitag sich mit zu betheiligen; wenn nicht unüberwindliche Hindernisse, oder besondere Rücksichten im Wege stehen."

Dieses sind die ausdrücklich in Bezug genommenen unter Strafe gesetzten und gewissenhaft zu beobachtenden Verpflichtungen. Man sieht in ihnen mit Recht eine gewisse Art von Liturgie. Niemand kann sich damit entschuldigen, daß er nicht gewußt habe, wofür, was und wann er zu beten habe. Ein Regulativ, wie das vorstehend mitgetheilte, läßt darüber keinen Zweifel mehr bestehen. Bei Strafe muß gebetet werden! Der Initiative des Gemüths ist dabei offenbar sehr wenig Spielraum gegeben. Der tägliche Gebrauch der Jahressprüche weist den Gedanken ihre Bahn an. Letztere können nur eine Locomotive sein, welche auf einem planirten Bahngeleise einem geistlichen Fahrplan gemäß eine bestimmte Anzahl von sorgfältig signirten Frachtstücken fortzuschleppen hat!

Auch andere Vortheile bieten sich demjenigen dar, welcher diesen Regulativen entspricht. Durch seine ausgedehnten Verbindungen, auf welche wir später noch näher eingehen werden, ist das rauhe Haus in den Stand gesetzt, seinen Zöglingen angenehme Aussichten für die Zukunft zu bieten. Die besonderen Ordnungen für die Sendbrüder bestimmen:

„Jedem Sendbruder wird die Vorbereitung zu künftigem

Dienste im Bruderhause zu Theil. Nachdem er sich bewährt hat, wird ihm je nach seinen Kräften und Fähigkeiten durch Vermittelung des Vorstehers in nächster Verbindung mit dem Oberconvicte ein Amt dargeboten, in welchem er dem Herrn zu dienen im Stande ist und das ihm jedenfalls für seine Person ein hinreichendes Auskommen gewährt."

Muß man ein hinreichendes Auskommen haben, um dem Herrn zu dienen? Wir glauben kaum; andernfalls würde die überwiegende Mehrzahl der höheren Preußischen Beamten, sämmtliche Assessoren und Elementarschullehrer zu den gottlosen Menschen gehören. Eine Anstalt, welche nach dreijährigem Cursus ein hinreichendes Auskommen verspricht, gehört jedenfalls zu den Mustern, deren Nachahmung mit gutem Gewissen empfohlen werden kann. Nicht einmal die mit so vielen Täuschungen, Unannehmlichkeiten, Hof- und Wartediensten verknüpfte Bewerbung um ein Amt hat der Aspirant zu übernehmen. Keinen Stempelbogen braucht er zu verwenden, keinen Submissionsstrich mit dem Lineal zu ziehen, keine Zeitungen zu lesen, um zu erfahren, wo etwa eine Vacanz eingetreten ist.

„Der Vorsteher der Brüderschaft ordnet im Namen des Curatoriums vor jeder Entsendung die contractlichen Verhältnisse mit den berufenden Behörden oder Privatpersonen in der Weise, daß die Pflichten wie die Rechte der Brüder klar und nach Billigkeit constatirt sind. Der zu Entsendende bindet sich durch Unterschrift, diesen Contract in allen Stücken sorgfältig zu halten, und ist auch der durch ihren Vorsteher mitunterzeichneten Brüderschaft dafür verantwortlich. Veränderungen des Contractes können selbstverständlich nicht ohne Mitwirkung und Zustimmung des Vorstehers, respect. des Curatorii vorgenommen werden."

Wir bitten diese letztere Bestimmung für einige Zeit dem Gedächtniß einzuprägen, weil sich aus derselben mit Leichtigkeit gewisse Schlußfolgerungen ziehen lassen.

VI.

Daß so großen Vortheilen gegenüber auch gewisse Verpflichtungen den Sendbrüdern auferlegt werden, ist von vornherein zu erwarten. Dagegen glauben wir hier und da Verwunderung und Staunen hervorzurufen, wenn wir den Umfang und Inhalt dieser Verpflichtungen in den Worten der 1858 entworfenen Ordnungen der Brüderschaft des rauhen Hauses mittheilen:

7) Jeder entsandte Bruder ist in allen Angelegenheiten seines ihm übergebenen Berufes den ihm darin unmittelbar Vorgesetzten zu Gehorsam und Pflichttreue direct untergeben, und in allen Stücken denselben verantwortlich. In specielle Angelegenheiten seines Dienstes findet von Seiten der Brüderschaft keinerlei Einmischung statt; es sei denn, daß die Mitwirkung des Vorstehers derselben von der competenten Seite ausdrücklich dazu in Anspruch genommen wird. Nur soweit es sich darum handelt, ob ein Bruder seinen Dienst in dem Sinn und Geist thut, in welchem er entsendet worden und zu dessen Bewährung sich die Brüderschaft verpflichtet weiß, ist er derselben Rechenschaft und Verantwortung schuldig.

8) Er verpflichtet sich darum, gegen die Brüderschaft dem ihm übergebenen Berufe mit ganzer Treue und dem ihm Anvertrauten um Jesu willen in Selbstverleugnung und barmherziger Liebe leben und dienen zu wollen.

9) Jeder Sendbruder verpflichtet sich insbesondere, durch einen stillen und heiligen Wandel Jesum zu bekennen, Frieden zu halten mit Jedermann, keusch und züchtig zu leben in Worten und Werken, und wenn es Gottes Wille ist, daß er einen eigenen Herd gründe, wie es bereits so vielen Brüdern durch ihre Zusammengehörigkeit mit der Brüderschaft möglich geworden, eine christliche Ehe zu führen, gutes Hausregiment zu halten, seine Kinder sorgfältig zu erziehen in der Vermahnung zum Herren, und also zu wehren, daß nicht Jemand durch sein Verschulden geärgert werde,

noch die Brüderschaft Schaden leide, vielmehr befestigt und auferbaut werde auf dem allerheiligsten Grunde unsres Glaubens.

10) Um deswillen ist er aber gebunden, nicht früher ein Verlöbniß einzugehen, als bis er im Stande ist, eine Familie zu ernähren und bevor er diesen Schritt thut, von seiner Absicht dem Vorsteher der Brüderschaft vertraulich Anzeige zu machen.

Ob und wann er in seiner Berufsstellung heirathen d. h. zugleich sich verloben kann, wird jedem Bruder bei seiner Entsendung vom Vorsteher bekannt gemacht.

Es muß von einem jeden Sendbruder ernstlich gefordert werden, daß er seine künftige Ehefrau mit strenger Rücksichtnahme auf seinen Dienst für das Reich des Gottes wähle und vor der Wahl Gesinnung und Tüchtigkeit sorgfältig und allseitig prüfe. Nicht blos zur Führung der Ehe, sondern ebenso zur Führung seines Amtes ist dies unerläßlich nothwendig. Hausstand und Amt berühren sich bei den meisten Sendbrüdern sehr nahe und fallen zusammen. Da jeder Bruder bis zum Zeitpunkte, wo er ein solches Verlöbniß eingehen darf, von jeder derartigen Verbindung und Verbindlichkeit frei sein soll (s. Aufnahmebedingungen § 7.), wird ihm die rechte und besonnene Auswahl um so eher möglich werden. Andere Brüder sind verpflichtet, vorkommenden Falls ihren Mitgenossen in dieser Beziehung ihre Warnung und brüderlichen Rath nicht vorzuenthalten, und da, wo ihr Wort scheint unberücksichtigt zu bleiben, dem Vorsteher pflichtschuldig davon Anzeige zu machen. Verlöbniß und Ehe wird dem Bruder in solchem Falle zwar nicht verwehrt — er bleibt in dieser Beziehung frei und selbständig — aber die ihm zu Theil gewordene Warnung verstärkt sich selbst durch das zweite Alinea § 22. (d. h. Entlassung und Excommunication).

11) Er verpflichtet sich, ferner derjenigen Mittel sich treulich zu bedienen und diejenigen Ordnungen völlig anzuerkennen, die dazu gesetzt sind, daß der Geist des Herrn in der Brüderschaft erhalten werde, wie ihrerseits die Brüderschaft durch Darbietung solcher Mit-

tel und Ordnungen, wie durch den Dienst aller ihrer Glieder, zuvörderst durch die Handreichung ihres Vorstehers, sich ihm dazu in herzlicher Liebe behülflich erweisen will. Insbesondere ist er gebunden, die Gemeinschaft mit der Brüderschaft durch treue Beobachtung derjenigen Ordnungen aufrecht zu erhalten, welche unter II. A. 7—10 enthalten sind (Gebete).

12) In gleicher Weise ist er verpflichtet, die Verbindung mit dem Brüderhause durch brieflichen Verkehr mit dem Vorsteher aufrecht zu erhalten, wie solches unter II. A. 11 geordnet ist. In diesem vertraulichen Verkehr hat er auch rechtzeitig Mittheilung über diejenigen Ereignisse in seiner Familie zu machen, an denen, wie an Geburten und Todesfällen, die ganze Brüderschaft besonderen Antheil nimmt. Nicht minder gehören dahin die Nachrichten über tiefer eingreifende Ereignisse, die seine Berufsarbeit betreffen. Die von nun an in weiterem Umfange ins Leben tretende Ordnung „auswärtiger Convicte" wird den Sendbrüdern außerdem noch zu solcher Verbindung mit dem Brüderhause die besondere geregelte Gelegenheit bieten.

13) Jeder Sendbruder gehört der Regel nach einem der auswärtigen Convicte an. Er hat die Convict-Ordnung desselben treu zu halten. Er soll seinen Convictualen in brüderlicher Liebe, wo es Noth thut, auch in Mahnung und Strafe nahestehen; — auch von ihnen sich Mahnung und Strafe willig gefallen lassen; er hat sie in jeder Weise in Ausübung ihres Berufes sowie in ihrer Anhänglichkeit an die Brüderschaft zu fördern; auch jedes ihm übertragene Convictamt sorgfältig zu verwalten.

14) Auch dann, wenn ein Bruder sieht, daß ein Mitglied der Brüderschaft, mit welchem er nicht durch Convictgemeinschaft verbunden ist, anfängt, kundwerdendes Aergerniß zu geben und in Gefahr steht, irre zu gehen und zu fallen, hat er dasselbe nicht nur zu vermahnen, sondern auch dem Vorsteher der Brüderschaft sofort davon Kunde zu geben; damit dem Wankenden wieder zurecht geholfen werde mit sanftmüthigem Geist in brüderlicher Liebe.

15) Er verpflichtet sich alle Angelegenheiten, welche Mitglieder der Brüderschaft betreffen, brüderlich nach den Ordnungen und den Instanzen der Brüderschaft ohne Aergerniß nach Außen hin, zu erledigen und niemals aus den Augen zu lassen, was unter II. A. 15 geordnet ist. (Diese in Bezug genommene Stelle, welche die Regeln nicht nur für Sendbrüder, sondern für alle Brüder ohne Unterschied enthalten, bestimmt, daß die Angelegenheiten der Brüderschaft als Familienangelegenheiten anzusehn und zu behandeln sind und demgemäß Verschwiegenheit über alle „in Geduld und Liebe zu ertragenden Ereignisse" ernst und strenge zu beobachten ist, und jeder dem andern bei diesem Punkt überwache. Auch auf die Umschreiben und die Convictsprotocolle erstreckt sich die Verpflichtung zu schweigen.)

16) Er verpflichtet sich, wo er in seinem Beruf eines Gehülfen bedarf, um der Einheit der Arbeit willen, bei seinem Vorgesetzten dahin zu wirken, daß ein solcher womöglich, nicht aus einem anderen Bruderhause berufen werde, es sei denn, das ein solches mit dem rauhen Hause in organischer Verbindung stände. Als Anspruch der Brüderschaft ist dies bei einigen später entsandten Brüdern bereits contractlich festgesetzt und wird in allen künftigen Fällen ausdrücklich festgesetzt werden. Ebensowenig sollen etwaige Gehülfinnen für Anstalten, die Brüdern des rauhen Hauses anvertraut sind, aus Diaconissenhäusern entnommen, oder sollen Brüder in von Diaconissen verwaltete Anstalten entsandt werden. Diese Regel soll dazu dienen, sonst unvermeidliche Conflicte zwischen den Verwaltungen und Ordnungen verschiedener Genossenschaften zu verhindern.

17) Wo aber einem Sendbruder ein jüngerer Bruder als Gehülfe aus dem Bruderhause nachgesandt wird, ist er für dessen sittliche Förderung, für seine Förderung in Kenntnissen und Erkenntniß des göttlichen Wortes und für seine zweckmäßige und fruchtbare Uebung in der Berufstüchtigkeit, sowie für die aufrichtige Pflege der brüderlichen Gemeinschaft, der Brüderschaft und insbesondere

dem Vorsteher verantwortlich. Er hat solche Gehülfen zugleich als seine Pflegebefohlenen anzusehen, und hat von Zeit zu Zeit über den Erfolg, sowie desfalsigen Bemühungen Rechenschaft zu geben.

18) Sendbrüder dürfen solche frühere Brüder, die vom Brüderhause als untauglich entlassen sind, nicht in den Dienst der ihnen anvertrauten Arbeiten aufnehmen.

19) Jeder Sendbruber ist verbunden, keinerlei fremdes Amt oder Handlung neben dem ihm anvertrauten Berufe zu treiben, es sei denn, daß nach dem ausdrücklichen Willen seiner Vorgesetzten und unter Zustimmung des Vorstehers der Brüderschaft.

20) In etwaigen Collisionsfällen mit seinem Vorstande, Committée u. s. w. ist er befugt und verpflichtet, die Vermittelung des Vorstehers der Brüderschaft in Anspruch zu nehmen, doch nur vertraulich ohne offizielle Berufung auf denselben, außer in denjenigen Fällen, wo dies bereits, wie es von jetzt an immer geschehen wird, contractlich bestimmt ist. (Diese Fälle sind uns unbekannt.)

21) Er verpflichtet sich, den ihm vom Vorsteher angewiesenen Beruf nicht selbständig zu verlassen, noch ihn nach eigenem Gutdünken mit einem anderen zu vertauschen, noch sich um einen anderen Beruf, öffentlich oder heimlich, direct oder indirect zu bewerben; sondern auszuharren, bis er durch die Brüderschaft autorisirt wird u. s. w.

22) Wird es nothwendig, daß er von seinem Posten scheidet, so darf er nicht anders, als durch Vermittelung des Vorstehers einen neuen Beruf zu übernehmen. Thut er es dennoch selbständig, so hört er damit auf Bruder zu sein.

(Ein zweites Alinea dieser Nummer besagt, daß den Brüdern, deren Frauen sich als ungeeignet zur Mitwirkung im Beruf der Männer erwiesen haben, Schwierigkeiten bei Beschaffung eines neuen Amtes entgegenstehen werden.)

23) Betrifft den Austritt und die Ausschließung, sowie die als-

dann eintretende Verpflichtung zur Rückgabe der Papiere und Schriftstücke der Brüderschaft.

24) Jeder zu entsendende Bruder wird bei seiner Entlassung aus dem Brüderhause in feierlicher Brüderversammlung auf die obigen Ordnungen der Brüderschaft von dem Vorsteher derselben, als vor dem Herrn (!!), mit Jawort und Handschlag verpflichtet, und hat diese seine Verpflichtung durch eigenhändige Namensunterschrift zu bezeugen; auch hat er einen Wahlspruch aus der heiligen Schrift, der ihm für alle Zukunft als Mitglied der Gesellschaft verbleibt, hinzuzufügen. Diese Wahlsprüche werden allen übrigen Brüdern mitgetheilt.

VII.

Mit der Aufstellung bloßer Verpflichtungen ist wenig gethan, wenn nicht gleichzeitig für ihre Erfüllung Sorge getragen, oder eine bestimmte Garantie geboten werden kann. Wie soll aber darüber gewacht werden, ob jemand seinen Jahresspruch richtig betet, ob Einer oder der Andere die „dreifältige Schnur" nicht vergißt, ob auch ein Liebesverhältniß rechtzeitig angemeldet worden ist? Oder wären jene Regeln, welche wir so eben verzeichnet haben, weiter nichts, als fromme Wünsche, deren Erfüllung dem Zufall Preis gegeben ist?

Keineswegs! Es giebt eine Polizei und eine Jurisdiction der inneren Mission, welche für ihre Zwecke vollkommen organisirt sind und den Vorzug besitzen, daß sie gar nichts kosten, daß sie gegenseitig geübt werden, daß jeder Subjekt und Objekt zu gleicher Zeit ist. Wir beginnen von oben.

An der Spitze der Verwaltung steht das Curatorium der Brüderschaft bestehend aus sechs Personen, unter dem Vorsitz des Dr. Wichern. Dieses Curatorium vertritt die Brüderschaft und die Brüderanstalt nach außen in allen bürgerlich geschäftlichen Angelegenheiten, ist dem Verwaltungsrathe des rauhen Hauses (d. h. der Besserungsanstalt) in seiner Gesammtheit incorporirt und verwaltet unter Verantwortlichkeit gegen denselben die Angelegenheiten der Brüderschaft. Es hat die Oberaufsicht über die ganze Angelegenheit der Brüderschaft und das Bestätigungsrecht für alle das Innere betreffenden Anordnungen des Oberconvicts. Demgemäß hat das Curatorium über sämmtliche Angelegenheiten der Brüderschaft Bericht entgegenzunehmen und Bericht zu fordern. Uebrigens befinden sich „um an die Verantwortlichkeit nach Außen" zu erinnern unter den Mitgliedern einige Laien, welche unbedenklich diejenigen Eigenschaften besitzen, welche für ein solches Amt befähigen und das Vertrauen der Brüderschaft rechtfertigen. Das Curatorium ist also Finanzministerium und Regierungsbehörde. Bei der Verwaltung der Hülfskasse hat aber dasselbe nur die „Oberrevision", keineswegs eine Bestimmung über die Verwendung der vorhandenen Gelder selbst.

Neben dem Curatorium steht als die eigentlich wichtigste Behörde der am 2. Januar 1858 gegründete Oberconvict, welcher nur aus Brüdern des rauhen Hauses unter dem Vorsitze des „Oberconvictmeisters Dr. Wichern" zusammengesetzt ist. Das Muster der Freimaurerlogen ist hierbei benutzt worden, wie man aus den einzelnen Chargen ersehen kann. Außer dem Oberconvictmeister finden wir nämlich einen Archivar, einen Secretär, einen Protocollführer, einen Verwalter der Hülfskasse, zwei Repräsentanten für die auswärtigen Freibrüder und zwei Repräsentanten der auswärtigen Sendbrüder.

Aufrechterhaltung, Wahrung und Förderung aller inneren (von uns zum Theil mitgetheilten) Ordnungen und Interessen der Brüderschaft und der einzelnen Glieder derselben, ist die nächste Aufgabe des Oberconvicts, welchen man als höchsten Disciplinargerichtshof und gleichzeitig Belohnungsinstanz (vermittelst der Hülfskasse) betrachten kann. Ohne Mitwirkung des Oberconvictmeisters kann keinerlei Beschluß gefaßt werden. Die Besetzung dieser hohen Behörde wechselt nach einem bestimmten Turnus, indem sich der Oberconvict von Zeit zu Zeit selbst ergänzt. Seine Mitglieder führen den imponirenden, durchaus apostolisch-christlichen Titel der „Oberbrüder", welcher wiederum lebhaft an das Familienleben erinnern soll.

Dem Oberconvict steht unterstützend und aushelfend, gleichsam als Ersatzreserve, der Helferconvict zur Seite. Zu ihm gehören unter Anderen diejenigen Oberhelfer (Candidaten der Theologie) und Lehrer der Anstalten des rauhen Hauses, die sich der Brüderschaft angeschlossen haben. Zu den Hauptgeschäften des Helferconvicts gehört die Besorgung der schriftlichen Angelegenheiten der Brüderschaft. Wenn man sich profan ausdrücken will, darf man sagen, daß der Helferconvict eine Kanzlei und Registratur des Oberconvictes bildet. Uebrigens ist diese Organisation, wie in den „Ordnungen" bemerkt wird, noch nicht eine definitive, sondern nur vorläufige.

Unter der Leitung und der Disciplin des Oberconvicts stehen nun weiter die einzelnen, theils im rauhen Hause selbst, theils auswärtig gebildeten Convicte der Brüderschaft. Der einzelne Bruder darf nicht für sich allein stehen. Damit er vorschriftsmäßig heilig wandeln kann, muß er einem Convicte angehören, in welchem eine christliche Polizeiaufsicht gegenseitig geübt wird. Gegenseitige Ermahnungen finden darin ihre Stätte und bilden eine der Hauptaufgaben der Convictmitglieder. „Jeder Convict hat sich als ein familienartiges Ganze anzusehen und in diesem Geiste brüderlicher Liebe werden die Glieder desselben mit einander die Gemeinschaft pflegen." Alle vom Brüderhause entsandten Brüder werden in Convicte je zu 6 bis 8 Brüdern vertheilt.

Es ist klar, daß diese Convicte gegenüber dem Oberconvicte leicht auf den Gedanken kommen könnten, eine größere Selbständigkeit, als wünschenswerth ist, nach Außen zu entfalten. Ungefähr wie die Municipal-Verwaltung zur Staatsregierung steht, muß man auch hier das Verhältniß auffassen. Die Interessen der „Selbstregierung" könnten in Widerspruch treten zu den büreaukratischen Anforderungen der Ueberwachung und Einmischung von Oben.

Um einer solchen Selbständigkeit der einzelnen Convicte vorzubeugen, ist bestimmt, „daß die einzelnen auswärtigen Convicte nicht das Recht haben, directe unter einander zu verkehren, sondern nur durch Vermittelung des Oberconvicts mit einander in Verbindung und Verkehr gesetzt werden."

Wenn wir sagen, daß diese Organisation der Selbständigkeit der einzelnen Convicte vorbeugen soll, so haben wir uns freilich geirrt. Wir gestehen diesen Irrthum zu, nachdem wir die hierauf bezügliche Stelle der Ordnungen noch einmal aufmerksam gelesen haben. Als Motiv für das Verbot des directen Verkehrs wird vielmehr angegeben, daß „dadurch eine geordnete fortgehende Gemeinschaft aller Brüder untereinander und namentlich auch mit dem Brüderhause möglich gemacht werden soll."

Die sämmtlichen auswärtigen Convicte sind entweder:

a) geschlossene Convicte, d. h. Convicte solcher Brüder, die in einer Anstalt oder in einer Stadt oder Nachbarschaft zusammen wohnen; oder

b) Correspondenzconvicte, d. h. Convicte solcher Brüder, die zerstreut an verschiedenen Stellen (Dörfern, Städten, Ländern) wohnen.

Beide Arten von Convicten sind, wie man vornherein voraussetzen darf, verschieden organisirt, obwohl der Grundgedanke, auf welchen sie beruhen, in ihnen derselbe ist. Sie sollen das offiziell christliche Leben der einzelnen Mitglieder der Brüderschaft repräsentiren.

Gemeinsam ist ferner allen diesen Convicten, daß nur wirkliche Brüder daran Theil nehmen können; daß nur die Bestätigung durch den Oberconvict ein Recht zu existiren gewährt, daß sich kein Convict willkürlich auflösen kann, daß an der Spitze eines jeden Convictes ein vom Oberconvict eingesetzter Convictmeister steht, welcher für die Durchführung der Convictordnung zu sorgen hat.

Aus den besonderen Ordnungen der geschlossenen Convicte heben wir folgende Bestimmungen hervor:

1) Der geschlossene Convict muß sich zu gewissen Zeiten regelmäßig versammeln, nachdem er durch den Convictmeister zusammengerufen worden ist. Befinden sich die Mitglieder in einem Hause, so muß dies regelmäßig alle 14 Tage geschehen, wohnen sie in derselben Stadt, alle 4 oder 6 Wochen.

2) Ausbleibende müssen sich genügend entschuldigen, und zwar so, daß

der Convict im Protocoll ausdrücklich anerkennt, daß der Grund der Abwesenheit ein genügender ist.

3) Das vom Copisten abgeschriebene Sitzungsprotocoll gelangt durch den Convictmeister an den Vorsteher der Brüderschaft (Dr. Wichern), welcher dasselbe mit seinen Randbemerkungen versehen zur Mittheilung an die Convicte zurücksendet, worauf dasselbe von dem Archivar aufgehoben wird.

4) In den Convictversammlungen wird jedesmal zuerst der Brüderspruch und Brübergruß des Jahres verlesen und ein Gebet gesprochen. Sodann haben sich die Brüder **untereinander** zu besprechen, zunächst über sich selbst. „Gegenseitige Förderung im Glauben und die Handreichung des Geistes (?) zur Heiligung" ist zwar ein Hauptzweck des Convictslebens. Allein auch über ihre Arbeit und sonstige Angelegenheiten, welche die Brüder angehen, sind die Mittheilungen auszutauschen.

5) In dem Convictgebete ist immer eine Fürbitte für alle Brüder zu placiren.

6) Die Verhandlungen in den Convictversammlungen gelten als **Familienangelegenheiten** der Brüderschaft, von denen gegen Nichtbrüder nicht gesprochen werden darf.

7) Uneinigkeiten im Convict werden durch den Vorsteher der ganzen Brüderschaft erledigt, und erst, wenn ihm die Ausgleichung von Mißhelligkeiten nicht gelingt, tritt der ganze Oberconvict hinzu.

8) Mehrere zu einem Ganzen verbundene Convicte bilden einen Convent mit besonderem Namen, so bilden z. B. die sechs Convicte zu Moabit den Convent Ebenezer, und sechs Convicte des rauhen Hauses den Convent des Brüderhauses.

Was die besonderen Ordnungen für die Correspondenz-Convicte betrifft, so ist deren kurzer Inhalt im höchsten Grade interessant. Man bedenke, daß sie auf die zerstreut lebenden Brüder berechnet sind, man erinnere sich ferner, daß Sendbrüder des rauhen Hauses ebenso wie die Juden über die ganze Erdoberfläche verbreitet sind: und man wird finden, daß es gewiß keine Kleinigkeit ist, einen

Zusammenhang zu schaffen, oder einen regelmäßigen Verkehr herzustellen. Wo der persönliche Verkehr unter zerstreut lebenden Brüdern thunlich ist, müssen die Mitglieder der Correspondenz-Convicte mindestens einmal jährlich zusammenkommen. Ist ein persönliches Zusammentreten gar nicht möglich, so findet nur schriftliche Correspondenz statt.

Die Ordnungen schreiben hierfür folgendes Verfahren vor:

„Der Convictmeister A beginnt ein Schreiben, welches dem B zugesendet wird. Unter Hinzufügung seines eigenen Schreibens sendet dieser weiter an C, letzterer an D u. s. w. Analog dem Verfahren bei Wechselprotesten sendet nun der letzte X das Schreiben an seinen Vormann zurück und so weiter, bis es wieder an A schließlich gelangt. Binnen 8 Tagen muß jeder an seinen Hintermann und beziehungsweise Vormann weiter expediren, so daß nach etwa zwölf Wochen das Gesammtschriftstück an den Vorsteher der Brüderschaft abgeschickt werden kann. Das Weitere geschieht in ähnlicher Weise, wie bei den gewöhnlichen Convicten. Die Reihenfolge der Brüder in der Correspondenz hat der Convictmeister dem Oberconvict vorzuschlagen, der sie dann bestätigt."

Um eine Uebersicht der im Jahre 1858 eingeführten, gegenwärtig wahrscheinlich weiter ausgedehnten Organisation möglich zu machen, lassen wir eine Liste der Convicte folgen:

1. Der Oberconvict zu Horn bei Hamburg (höchste Instanz).
2. Der Helferconvict des Brüderhauses, ebendaselbst.
    Der Convent des Bruderhauses in Horn, umfassend folgende 6 Convicte in fortlaufender Nummer:
3. Bethlehem. 4. Nazareth. 5. Bethel. 6. Cana. 7. Emmaus. 8. Thabor.
9. Convent Sichar in Hamburg (7 Mitglieder).
10. Salem im Königreich Sachsen (6 Mitglieder).
    Der Convent Ebenezer zu Moabit, umfassend folgende 6 Convicte in fortlaufender Nummer:

11. Joseph (6 Mitgl.); 12. Micha (6 M.); 13. Jeremias (5 M.); 14. Daniel (6 M.); 15. Johannes der Täufer (6 M.); 16. Silas (7 M.).

Der Bruder Anton gehört nach damaliger Einrichtung allen Convicten wechselnd an und ist Archivar des Convents Ebenezer.

17. Sarepta in der Neumark an der märkisch-pommerschen Gränze (7 Mitglieder).
18. Mamre in Bremen.
19. Siloah in der Lausitz und Schlesien mit seinem örtlichen Mittelpunkte in Görlitz (7 Mitglieder).
20. Hermon in Oberschlesien (5 Mitgl.).
21. Bethsaida in Vorpommern, Mecklenburg-Strelitz und Umgegend (7 Mitgl.).
22. Bethesda in Neuvorpommern und Umgegend (6 Mitgl.).
23. Nain in Hinterpommern (6 Mitgl.).
24. Nissi in Naugard (3 Mitglieder, die binnen kurzem verstärkt werden sollen).
25. Versaba in London.
26. Philadelphia am Rhein (7 Mitgl.).
27. Beron in Westphalen und Hannover (5 Mitgl.).
28. Zoar in Ost- und Westpreußen und Posen (6 Mitgl.).
29. Tiberias in Würtemberg und Schweiz.
30. Der Convict der theologischen Brüder „zur gülbenen Rose" (Micha 4, 8). Zu diesem Convict unter dem damals (1858) vorläufigen Convictmeister Wichern gehören diejenigen Oberhelfer (Candidaten der Theologie oder Pastoren), welche der Brüderschaft beigetreten sind oder beitreten. Die Correspondenz geht durch Ostpreußen, Pommern, Schlesien, Brandenburg, Sachsen, Westphalen, Rheinland, Holland, Würtemberg nach Hamburg.

VIII.

Wir haben bisher nur die Thatsachen gegeben, indem wir bemüht waren, alles Wesentliche aus den Ordnungen von 1858 und den 13 uns bekannt gewordenen Umschreiben in unsere Darstellung aufzunehmen. Es sei uns gestattet, dem Mitgetheilten einige Bemerkungen hinzuzufügen.

Auf eine bescheidene Anfrage: „Was ist die Brüderschaft des rauhen Hauses?" glauben wir berechtigt zu sein zu der Antwort: „**Ein protestantischer Orden im Staatsdienst!**"

Diese Brüderschaft mit Oberhelfern und Oberbrüdern, diese Familie mit Convicten, Conventen und Oberconvicten, diese Logen unter ihrem Oberconvictmeister, diese dreihundert Männer mit ihrer einheitlichen Localspitze in dem rauhen Hause sind, wie wir behaupten, ein Orden, das heißt eine selbständige, auf eigenthümliche Grundsätze gegründete, bestimmten Regeln und Uebungen unterworfene kirchliche Genossenschaft; abweichend von der allgemeinen evangelischen Kirchengemeinschaft in der Gemeinde! Es wäre ungerecht, wenn man dem Begründer dieser Gemeinschaft das Anerkenntniß einer staunenswerthen Organisationsgabe vorenthalten wollte. Nur ein blindes Vorurtheil könnte sich dagegen sträuben, das wirklich Bedeutende und Scharfsinnige in der Anlage und dem Plane des Ganzen zu verkennen.

Wir gestehen von vornherein unsere Schwäche ein, wenn wir rückhaltlos bekennen, daß diese Schöpfung eines einzigen Mannes, hervorgegangen aus kleinen, geringfügigen Anfängen, emporgewachsen auf dem Boden des Protestantismus, der nur für negative Kräfte Raum zu haben schien, ungeschwächt durch theologischen Zank, unbelästigt durch eine argwöhnische Polizei, als Kunstwerk betrachtet werden darf — oder als ein Mechanismus. Wir begreifen das persönliche Selbstgefühl, den Stolz, die Selbstüberhebung sogar, wenn sie aus gleichen Resultaten hervorgehend in der Erkenntniß des Vergangenen und in der Hoffnung des Zukünftigen Wurzel schlagen. Die Mühe und die Arbeitskraft, welche in einer solchen Organisation niedergelegt sind, gebieten Achtung in eben demselben Grade, wie wir alte Lehrbücher anstaunen, deren Citate ein Menschenleben gekostet zu haben scheinen.

Ueber diese Grenzen hinaus läßt uns indessen die Schöpfung selbst, deren Entstehungsprozeß für die ganze Zeitgeschichte von hohem Interesse ist, völlig gleichgültig. Da wir dieselbe mit vollkommen unparteiischen Augen betrachten, soweit als sie ist, enthalten wir uns auch aller Nachforschungen darüber, ob etwa durch eine geschickte Auslegung von Paragraphen des Vereinsgesetzes oder des Strafgesetzbuches einem solchen Orden beizukommen sein möchte, welcher nach dem französischen Strafrecht, wenn seine Angelegenheiten zur Sprache gebracht würden, auf Grund eines Art. im Code pénal sehr unangenehme Erfahrungen machen könnte. Wir würden es sogar beklagen, wenn der Orden mit den Dissidentengemeinden das Schicksal polizeilicher Ueberwachung theilen sollte!

Gefährlich und im höchsten Grade verwerflich erscheint uns aber die Thätigkeit des Ordens, soweit sie durch den **Staat** in Anspruch genommen wird, doppelt gefährlich in den Strafanstalten des Preußischen Staates, und zwar vorzugsweise aus dem Grunde, weil der Oberconvictmeister des Ordens gleichzeitig an der Spitze der Preußischen Gefängnißverwaltung steht, welche in eine Bahn eingelenkt worden ist, auf der die möglichen schiefen Tendenzen der Brüderschaft vermittelst der in Moabit bestehenden Einrichtung der Einzelnhaft vielfach begünstigt werden können.

Der Oberconvictmeister bestreitet zwar entschieden, daß es sich um einen geistlichen Orden handle, als ob der bloße Name Brüderschaft alle Zweifel zu beseitigen im Stande wäre.

In der Einleitung zu den Ordnungen der Brüderschaft spricht sich Dr. Wichern über den Gegensatz zu den katholischen Orden dahin aus:

„Eine dieser möglichen Einwendungen (gegen die Brüderschaft) will ich selbst hier noch aufnehmen. Sie betrifft den Kern unserer Sache, es ist die: daß unsere Genossenschaft am Ende nichts anderes sei, als ein katholischer Orden. Unsere Brüderschaft ist das aber so wenig, daß sie vielmehr das reine Gegentheil eines solchen ist. Sie ist thatsächlich eine unter des Herren Segen gezeitigte

Frucht evangelisch-christlichen Glaubens und Lebens und gehört in allen ihren Aeußerungen und Beziehungen der evangelischen Kirche an mit dem ausgebildetsten Gegensatz gegen die Lehre der Römischen Kirche und gegen die Regeln der ihr angehörenden Orden. Denn nicht bloß wissen wir nichts von irgend welcher Werkgerechtigkeit und einem Selbstverdienst der Menschen vor Gott, sondern wir verwerfen solche falsche Lehre völlig und gänzlich, weil wir wissen, glauben und bekennen, daß vor Gott kein Fleisch gerecht ist und sich rühmen kann. Christus allein ist unser Ruhm und unsere Gerechtigkeit, die er dem Glauben, der sein Verdienst sich aneignet, aus Gnaden schenkt. Wir danken ihm für sein Sacrament des Abendmahls, das wir durch seine Barmherzigkeit wieder seiner ursprünglichen Stiftung gemäß empfangen können. Eben so wenig hält uns der Zwang eines bindenden Gelübdes, sondern allein die Freiheit der Liebe im Glauben als selbständige Männer zusammen, statt der selbstgewählten Armuth nimmt jeder sein ihm beschieden Theil, sei es viel oder wenig; statt des ehelosen Lebens schließen sich in unserem Bund bereits mehr als hundert Familienväter in heilig geschlossener und gepflegter Ehe zusammen. Die Genossen unserer Brüderschaft bilden nicht einen abgeschlossenen Stand, sondern aus den verschiedenen Ständen und Aemtern gesammelt, stehen wir jeder für sich und jeder für alle und alle für jeden als eine große Familie zusammen, u. s. w., in der jeder ihm (Gott) dient, alle aber als Genossen des königlichen Priestervolks sich bewußt sind, daß jeder in seinem Stand verbunden ist, zu verkünden u. s. w.

Familie, Genossenschaft, königliches Priestervolk!

Daß die dogmatischen Grundlagen der Brüderschaft andere sind, als bei den Katholiken kann Niemand bezweifeln. Wenn jemand früherhin den Vorwurf erhoben hat, die Brüderschaft sei weiter nichts, als ein katholischer Orden, so konnte damit offenbar nur gemeint sein die Andeutung einer corporativen Tendenz nach Analogie der katholischen Orden; nicht ein Hinweis auf das katholische Dogma.

Jeder, welcher die dreifältige Schnur einige mal durchgebetet hatte, konnte darüber nicht mehr im Unklaren bleiben.

Ob eine solche Genossenschaft, wie die Brüderschaft des rauhen Hauses, in den zahlreichen Verpflichtungen und äußeren Ordnungen, die sie entlassenen Brüdern auferlegt, um ihrer religiösen Individualisirung und Subjektivität entgegenzuwirken, wahrhaft evangelischen Geistes ist, darüber mögen Andere, sachverständigere Kräfte urtheilen. Dagegen behaupten wir mit Bestimmtheit, daß diese Brüderschaft, abgesehen vom Dogma, gar keine Veranlassung hat, sich gegen den Vergleich mit katholischen Orden zu sträuben. Wir behaupten nochmals, daß diese Brüderschaft in den Augen des Staates als Orden betrachtet werden muß.

Zwar fehlt der Brüderschaft die Verbindlichkeit eines Gelübdes: Allein auf dem Boden des freien protestantischen Staates hat das Gelübde der Professen keine bürgerliche Wirkung; der katholische Minorit beobachtet seine Ordensregel ebenfalls aus Ueberzeugung. Keine Gewalt kann ihn gegen seinen Willen festhalten.

Zwar stellt die Brüderschaft den Rücktritt frei — aber materielle Interessen der stärksten Art wirken dem Austritt entgegen. Seine Hülfskasse, seine Protektion, sein Avancement, seine Gehaltserhöhungen, möglicherweise seine amtliche Stellung, seine Frau und Kinder giebt derjenige Preis, welcher ausscheidet. Die Brüderschaft des rauhen Hauses wird durch stärkere Interessen zusammengehalten, als Franziskaner, welche betteln gehn.

Zwar verspricht die Brüderschaft kein Cölibat — aber das Fortpflanzungsvermögen der Brüderschaft ist auf eine administrative Weise centralisirt. Niemand heirathet, bevor es ihm erlaubt ist, bevor er angefragt hat, bevor eine Inquisition die Glaubensartikel seiner Frau geprüft hat, bei möglichem Verlust seiner Stellung und Mitgliedschaft!

Zwar tritt die Brüderschaft nicht nach Außen als Corporation auf: — aber ihre Organisation ist eine einheitliche, hierarchische, äußeren Disciplinargesetzen unterworfene Regel. Bis vor nicht langer Zeit war die Actiengesellschaft die einzige Form der großen

Geld- und Creditcorporationen. Wie sich die Commanditgesellschaft mit übertragbaren Antheilen zu ihnen verhält, wie sie dieselben Zwecke im Handelsverkehr erfüllen kann, ebenso verhält sich die Brüderschaft zu dem katholischen Orden. Unter verschiedenen Formen kann ein und derselbe Inhalt verborgen sein.

Wir halten unsrerseits die Bande der Brüderschaft für wesentlich stärker, als diejenigen sind, welche katholische Ordensprofessen zusammenhalten. Das Bewußtsein der formell gewährten Freiheit des Austrittes neben den materiellen Vortheilen des Bleibens in der Brüderschaft, der Ehrgeiz und das Interesse, durch die Brüderschaft amtliche Verbesserungen zu erhalten, wirkt gewiß im Allgemeinen nachhaltiger, als die blinde Unterwerfung unter ein Gelübde, welches vielleicht in erschütterter Gemüthsstimmung oder unter dem Eindruck besonderer Umstände abgegeben wurde.

Eine Brüderschaft mit der ausgesprochenen Tendenz, ihren Angehörigen ein zum persönlichen Auskommen genügendes Amt zu verschaffen, ist dem Staat gerade ebenso gefährlich, wie die Thätigkeit der Jesuiten. Ob man auf dem Boden des Staates für die Idee des Papstthums oder für eine ganz spezifisch confessionelle Richtung anderer Art thätig ist, scheint dabei ganz gleichgültig, wofern der einzelne Beamte durch eine kirchliche Organisation im Rücken ermuntert und aufrechterhalten wird.

Wir hegen die Ueberzeugung, daß die Brüderschaft des rauhen Hauses fortwährend im Wachsthum begriffen ist und so lange im Wachsthum bleiben wird, als Sendbrüder in irgend einen Staat importirt werden können, als einflußreiche Beamtenstellen für die Unterbringung der Brüder in guten Subalternposten beeinflußt werden, als Liebesgaben fließen zum Unterhalt.

Die gegenwärtige Gestalt der Brüderschaft ist vielleicht blos der Anfang dessen, was sie in Zukunft werden kann. Ueber das in Berlin zu begründende Johannisstift sagt das zehnte Rundschreiben des Dr. Wichern: „Es wird ein zweites rauhes Haus, aber in der Hauptstadt Preußens"!!, ohne daß in den Subscriptionsaufforberungen und Prospekten der bestehenden Organisation der Brüderschaft und der Convictsverhältnisse auch nur mit einem Worte gedacht wäre.

Auf eine bleibende und dauernde Einrichtung der Brüderschaft ist es abgesehen. Zahlreiche Stellen in den Rundschreiben beweisen dies. Bei dem Dahinscheiden des Dr. Wichern, wird vielleicht ein Calixtus I., Wichern II., Gregor I. u. s. w. succediren. Wenn nicht alle Anzeigen trügen, so darf man eine glänzende Zukunft vorhersagen.

Das Eigenthümliche dieses neuen Ordens liegt in seiner durchaus praktischen Tendenz zum Beamtendienst, oder, um in seiner eigenen Ausdrucksweise zu reden, zum Dienst des Herren und zu einem auskömmlichen Gehalt.

Kein katholischer Orden hat übrigens seinen rein geistlichen und idealen Beruf zu bewahren vermocht. Ueberall treten uns Verbindungen und Versetzungen zwischen dem religiösen Element und den zeitlichen Interessen von Staat und Gesellschaft entgegen. Anfangs übernahmen die ältesten Orden des Abendlandes, die dankbare Aufgabe, Bildung und klassisches Alterthum durch die Barbarei des Mittelalters hindurchzutragen. Gesittung und Klosterleben waren eine kurze Zeit hindurch identisch. Später verband sich die religiöse Idee mit dem Ritterthum in den geistlichen Ritterorden, der Tempelherren, Johanniter, deutscher Herren; mit der kirchlichen Criminalpolizei in den Dominikanern; mit dem politischen Papstthum in den Jesuiten. In der gegenwärtigen Brüderschaft des rauhen Hauses tritt uns eine Vereinigung entgegen zwischen einer scharf ausgegränzten confessionellen Richtung und dem Subalterndienst des Staates. Sobald die Geistlichkeit in höherem Maße, wie bisher für die Interessen der Brüderschaft, für die unmittelbare Theilnahme an den Convicten gewonnen sein wird, läßt sich eine noch festere dogmatische Abschließung, ein bestimmterer Einfluß auf kirchliche Fragen voraussehen. Man darf es nicht zu gering veranschlagen, daß heut zu Tage 300 Beamte, Schullehrer, Wanderprediger einer einheitlichen Regel unterworfen sind. Wenn das höhere Beamtenthum einsieht, daß ihm durch den Einfluß einer so fest geschlossenen Ordensgesellschaft Vortheile geboten werden können, so wird es nicht an solchen fehlen, welche die Gelegenheit zu benutzen suchen und sich solchen Betrübungen unterziehen, die ihren zeitlichen Lohn finden. Nach dem Maßstabe eines bloßen Jahrzehnts gemessen, hat die Brüderschaft Fortschritte gemacht, welche mit denen aller anderer Orden und Corporationen gleichen Schritt halten können.

In der Halbbildung und dem theologischen Subalternenthum entlassener Schuhmachergesellen und anderer Handwerker, aus denen die große Masse der Brüder besteht, liegt aber gerade eine besondere Gefahr. Es ist eine alte und wahre Erfahrung, daß der Amtsdünkel in demselben Maße zunimmt, wie die Rangfolge nach unten herabsteigt. Der Verlust an allgemeiner wissenschaftlicher Bildung wird ersetzt durch die einseitige Schärfe, die unterscheidungslose Wirksamkeit solcher Männer, die sich am liebsten mit den „unstudirten" Aposteln des ersten Christenthums vergleichen. Alle Leute außer ihnen sind die „Welt", welche bekämpft und überwunden werden muß. Das Bundeslied dieser Brüderschaft ist demgemäß ein Kriegslied für eine neue theologisch militärische Organisation:

> Schreib mich in der Brüder Zahl,
> Die von Gott geboren,
> Die des Vaters Gnadenwahl
> Zu dem Reich erkoren;
> Schenke mir, Herr, in Dir
> Glaubensmuth zum Kriegen,
> Gottesmacht zum Siegen!
>
> Lege mir die Rüstung an,
> Die Gott selbst bereitet,
> Daß ich sicher stehen kann,
> Wenn der Arge streitet,
> Dessen List mächtig ist,
> Uns mit tausend Tücken
> Teuflisch zu berücken.
>
> Wecke mich in Fried und Streit
> Zum Gebet und Flehen!

>Sprich auch, wenn der Glaube schreit,
>„Ja, es soll geschehen!"
>Herr nimm wahr, Deiner Schaar,
>Aller, die noch kriegen
>Bis zum letzten Siegen!

Mit solchen Empfindungen ausgerüstet, und jeder Zeit bereit, den Glauben schreien zu lassen, zieht jährlich eine bestimmte Anzahl von Sendbrüdern in die Welt zum Kampfe. Der Arge, den es zu bekämpfen gilt, ist unter Umständen auch der unconfessionelle Staat. Denn wir haben gesehen, daß kein Bruder selbständig für sich die Bestimmungen seines Dienstvertrages abändern darf. Er muß die höhere Genehmigung des geistlichen Obern einholen.

Wir trennen selbstverständlich die Person, die augenblicklich an der Spitze des Ordens steht, ganz und gar von der Sache selbst. Nur darf man behaupten, daß Verhältnisse, wie die angedeuteten, zu ernstlichen Collisionen führen können. Principiis obsta heißt es auch hier. Was Dr. Wichern persönlich betrifft, so hegen wir, ohne mit seinen kirchlichen Ueberzeugungen auch nur im Mindesten übereinzustimmen, die Ueberzeugung, daß er Mißbräuchen, soweit er sie bemerkt, mit Entschiedenheit entgegentreten wird. Seine Stellung als Preußischer Staatsbeamter giebt ihm hinreichend Gelegenheit, die Funktionen als Oberconvictmeister nachdrücklich wahrzunehmen. In dem siebenten Rundschreiben vom 9. November 1857 heißt es:

>„Mit jedem Convict als ganzem trete ich fortan in ganz regelmäßige Verbindung durch Convictbriefe und Zusendung und Rücksendung der Protocolle. — Zu Zeiten denke ich dann die einzelnen Gruppen und Convicte zu besuchen auf Reisen, wozu mir durch meine jetzige Stellung in Preußen Gelegenheit wird, da ich im ganzen Lande zu reisen und zu arbeiten habe, und nicht gehindert bin, hier und da, wo es nöthig ist, auch über diese Gränzen hinauszureisen."

Ein anderes Beweismittel für eine energisch gewahrte Disciplin finden wir in der bereits vor der späteren Gerichtsverhandlung wegen des bekannten Moabiter Erschießungsfalles erfolgten Entlassung des Aufsehers Kuegler aus der Brüderschaft. Freilich ist die Auffassung der ganzen Angelegenheit curios genug, wenn man bedenkt, welche rechtlichen Irrthümer durch die Umschreiben bei solchen Gelegenheiten verbreitet werden können. Der Oberconvictmeister und vortragende Rath in Gefängnißangelegenheiten schreibt an die Brüderschaft am 8. Dezember 1859:

„Zum Verständniß für Viele der Brüder wird es übrigens nicht überflüssig sein, hier hervorzuheben, daß die Anklage nicht auf Mord, sondern auf Todtschlag geht, was bekanntlich ein großer Unterschied ist, sofern der Todtschlag in sich schließt, daß die That geschehen, ohne die Absicht zu tödten. Je mehr öffentliche Blätter sich erlauben, von Mord zu sprechen, desto nöthiger ist es, Unkundige auf diesen Unterschied aufmerksam zu machen!"

Jeder Unbefangene wird hieraus erkennen, welche großartige Mißverständnisse durch solche Umschreiben trotz der besten Ansichten ihres Urhebers verbreitet werden können.

Sollte uns der Nachweis gelungen sein, daß in den Einrichtungen der Brüderschaft des rauhen Hauses vom staatlichen Standpunkt aus, ein Orden zu erkennen ist, so entsteht die weitere Frage, warum man den Katholiken in Preußen nicht gleiche Berechtigung zugesteht. Wir überlassen den Katholiken die Antwort darauf, die sich mit Leichtigkeit ergiebt. Wer nämlich behauptet, der katholische Ordens- und Kirchenbegriff widerstrebe dem Gehorsam gegen die weltliche Obrigkeit, dem antworten wir ganz einfach: „Man berufe erst einen Kapuzinersuperior in die Stelle eines vortragenden Rathes für Gefängnißangelegenheiten und man wird sich überzeugen, daß die Ordensmitglieder und die soeurs du sacré coeur ganz vortrefflich gehorchen können!"

IX.

Der Königlich Preußische Minister des Innern hat bei den im Landtage geführten Debatten über die Gefängnißfrage an die Abgeordneten die Aufforderung gerichtet, ihrerseits zum Zwecke der gesetzlichen Regelung des Gefängnißwesens die Initiative zu ergreifen, welche er bisher mit so großer Energie für die Regierung ausschließlich in Anspruch genommen hatte. Obwohl diese Aufforderung nicht an unsere bescheidene Adresse gerichtet ist, so giebt sie uns dennoch die Veranlassung, wenn auch nicht unbefugterweise die Initiative selbst, so doch die Initiative zur Initiative zu ergreifen.

Demgemäß fordern wir vom Standpunkte der Gefängnißwissenschaft, daß die Brüderschaft des rauhen Hauses aus den Strafanstalten des Preußischen Staates entfernt werde.

Wir fordern dies, weil innerhalb der von uns auseinander gesetzten Voraussetzungen, auf denen die Einrichtung der Brüderschaft beruht, Heuchelei und Hochmuth gefördert werden muß.

Wir fordern dies ferner, weil die Organisation der Brüderschaft früher oder später zu ernsten Conflicten mit einer regelmäßigen Gefängnißverwaltung führen muß.

Um diese Anforderungen zu begründen und verständlich zu machen, bemerken wir zunächst, daß wir den Brüdern des rauhen Hauses keineswegs ihren Wirkungskreis schmälern wollen, soweit er sich in freier Concurrenz mit andern Kräften auf dem Boden socialer Aufgaben bewegt. Möge er fernerhin in Asylen, Rettungsanstalten, Hospizien, unter Heiden und Wilden seinen Eifer für das Gute und seine christliche Liebe bekunden! Was er nach dieser Seite hin gethan, wissen wir sehr hoch zu schätzen. Aber wir behaupten, daß seine Verdienste in dieser Beziehung auch nicht den mindesten Grund abgeben für eine Berufung in die Strafanstalten des Staates, bei denen ganz andere Gesichtspunkte vorwalten. Hochmuth und Heuchelei dürfen unserer Ueberzeugung nach als eine Consequenz der Convicteinrichtung bei zahlreichen Brüdern befürchtet werden.

Weit entfernt davon, gegen 300 Brüder einschließlich der Oberbrüder den Vorwurf der Heuchelei zu schleudern, erlauben wir uns doch, die Ansicht auszusprechen, daß eine bestimmte Anzahl von Heuchlern unter ihnen existiren muß. Eine so scharf ausgeprägte Richtung, wie sie von uns geschildert worden, würde dies von vornherein dem Unbefangenen wahrscheinlich machen. Sollte denn keine Heuchelei unter Männern existiren, unter denen doch auch hier und da Unzucht und anstößiger Lebenswandel entdeckt und gerügt wurde?

Einige höchst unbefangene und fast kindlich geartete Männer schließen aus dem Umstande, daß sie bei einmaliger oder zweimaliger Anwesenheit im rauhen Hause keine „Muckerei" bemerkt haben, sofort auf das Nichtvorhandensein von Heuchelei. Es verhält sich aber mit der Heuchelei wie mit der körperlichen Unreinlichkeit. Wie es Menschen giebt, welche sich täglich Gesicht und Hände waschen und deswegen reinlich erscheinen, obwohl sie vielleicht im Laufe des ganzen Jahres kein Bad nehmen, so weiß auch der Heuchler diejenigen Seiten seiner Seele, die dem Auge des Beobachters zugänglich sind, auf das sorgfältigste zu coloriren. Der Heuchler gleicht fast niemals dem Krokodil, welches zuweilen am Sande des Ufers Mittagsruhe hält, und von Vorübergehenden todt geschlagen werden kann. Um die Heuchelei zu entlarven, muß sich eine günstige Gelegenheit darbieten und zwar für einen Mann, welcher Beobachtungsgabe besitzt. Auch die simulirten Krankheiten erkennt man nicht auf den ersten Blick.

Gegenüber den Zeugnissen des Dr. Wichern, welche bei aller Wahrhaftigkeit im subjektiven Sinne doch auf einer sehr erklärlichen Vorliebe für seine eigene Schöpfung beruhen, sei es uns erlaubt die Aeußerungen anderer Männer zu citiren, welche sowohl sachverständig sind, als den religiösen und kirchlichen Parteifragen völlig fern stehen.

Zunächst citiren wir den Herrn Hoyer, Strafanstaltsdirector zu Vechta in Oldenburg, bei dieser Gelegenheit nochmals, indem wir die Worte seines amtlichen, an die Oldenburgische Regierung gerichteten Berichtes aufführen:

„Religion zu lehren ist ein gediegener, liebevoller Geistlicher erforderlich; kein nüchterner Moralprediger, aber auch kein Eiferer und Gewissenspolterer. Die Direktion hat mit einem Aufseher aus der Brüderschaft des rauhen Hauses die Probe gemacht. Derselbe war ein sehr fähiger, intelligenter Mann, konnte es aber nicht unterlassen, seine exclusive Glaubensrichtung zur Geltung zu bringen, in seinem Hochmuth Geistliche und Lehrer zu meistern und die Gefangenen irre zu machen. Ein anderer Aufseher von derselben Richtung wurde als ein lasterhafter Heuchler entlarvt. Die Direktion hat es erfahren, welches Unheil solche Aufseher anrichten können."

Als zweiten Zeugen citiren wir die erste Autorität der Strafrechtswissenschaft, Dr. Mittermaier in Heidelberg, welcher in unmittelbarer Nähe von Bruchsal fortwährende Beobachtungen über das Gefängnißpersonal dieser als Muster hingestellten Anstalt machen konnte. In seinem Buche über Gefängnißverbesserung (Erlangen 1858) heißt es mit Beziehung auf die Brüderschaft des rauhen Hauses:

„Es tritt noch das Uebel ein, daß die Mitglieder solcher Orden (mögen sie katholisch oder protestantisch sein) zwar wohlmeinende aber häufig einseitig gebildete, oft von einer fanatischen Bekehrungswuth beseelte, nicht praktisch die menschliche Natur würdigende Personen sind, die nicht den gehörigen Takt haben."

Endlich führen wir zum Schluß noch eine gleichfalls unbestreitbare, hochstehende Autorität an: Professor Roeder in Heidelberg, welcher sich gleichfalls auf das entschiedenste gegen die Einrichtung in Moabit ausgesprochen, soweit dabei die Brüderschaft in Frage kommt.

Ein Beamter der Stadtvoigtei, den wir nicht nennen, wirkte mit mehreren Brüdern zusammen, und machte, wie er uns versicherte, gleiche Beobachtungen.

Doch genug! Wir halten uns nunmehr zu dem Schlusse berechtigt, daß es unter den Brüdern des rauhen Hauses Hochmüthige und Heuchler in einiger Anzahl giebt. Aber angenommen, es seien nur wenige Heuchler vorhanden, so werden diese Wenigen vermittelst der Convictordnung zur Herrschaft gelangen und die Uebrigen verführen. Es liegt dies in den Schwächen der menschlichen Natur selbst derjenigen begründet, welche „heilig wandeln" sollen. Derjenige, welcher die Augen beim Gebet so verdreht, daß die Pupille nicht mehr sichtbar bleibt, wird die moralische Herrschaft über diejenigen erlangen, welche befürchten, ihm gegenüber als lau und lässig im Glauben zu erscheinen. Einer sucht es dann dem Andern gleichzuthun. Man denke nur, um dies zu begreifen, an die Zeiten der früher inspirirten ministeriellen guten Gesinnung, durch welche ursprünglich ganz unbefangene Beamte allmählich corrumpirt wurden.

Schutzlos steht solchen Beamten und Brüdern der Gefangene gegenüber! Die Unabhängigkeit seines Gewissens, die Freiheit seines Bekenntnisses ist fortwährend bedroht durch die schrankenlose, bei uns gesetzlich nicht bestimmte Gewalt des Gefängnißbeamtenthums! Solche von Außen auferlegten Betäubungen sind häufig eine höhere Strafe, als die schwerste Arbeit.

Wahre Religiosität, ohne welche keine Besserung im Gefängniß gedacht werden kann, muß dem Gemüth des Sträflings zugänglich gemacht und nahe gelegt werden. Aber jeder Unbefangene muß erzwungene Betäubungen gegenüber Wehrlosen auf das äußerste perhorresciren. Sollte ein Gefängnißaufseher des rauhen Hauses, mit seinem Ordensbewußtsein, in einem falsch verstandenen Pflichteifer, mit dem Säbel an der Seite, seine vermeintliche Aufgabe, das Reich Gottes auszubreiten, vergessen können, sollte er als Mitglied des „königlichen Priestervolks" sich darauf beschränken können, die Gefängnißsuppe zu verabreichen?

Man befrage entlassene Sträflinge, welche in Moabit gesessen haben, man höre den Berliner Verein für entlassene Strafgefangene, und man wird mehr erfahren als nothwendig ist.

Unsere altpreußischen Unteroffiziere mit ihrer mangelhaften Bibelkenntniß, ihrer militärischen Grobheit, ihrer barschen Unbefangenheit gehören eher in die Strafanstalten, als die Brüder des rauhen Hauses. Ihr Civilversorgungsschein gab ihnen ein größeres Anrecht, als das Beten der Jahressprüche und das Zusammensitzen in Convicten.

Daß eine solche Organisation in Convicten zu nothwendigen Conflicten mit der Verwaltung führen muß, bestätigen die von uns genannten Sachverständigen gleichfalls. Der ehemalige Direktor der Moabiter Strafanstalt, Herr Schueck, wurde, wie allgemein behauptet wird, ein Opfer der Differenzen mit Brüdern des rauhen Hauses. Er wurde nach Breslau versetzt. Ohne seine Zuziehung beriethen die Convicte über Gefängnißangelegenheiten. Die Quelle geistlicher Einmischungen liegt in der von uns im VI. Abschnitt aufgeführten Bestimmung, wonach die Brüderschaft interveniren kann, wenn ein Amt nicht „in ihrem Sinne und Geiste" erfüllt wird. Eine Solidarität subaltern-büreaukratischer Interessen bildet sich ohnehin sehr leicht gegenüber den Gefängnißdirektoren; wie vielmehr in Convicten und Conventen? Ist es etwa Bescheidenheit, wenn in den Ordnungen der Brüderschaft bestimmt wird, daß sofort beim Eintritt von Vacanzen ein neuer Bruder verschrieben werden soll? Ist es Demuth, wenn die Brüder sofort darauf verzichten, an denjenigen Anstalten zu wirken, wo bereits andere Genossenschaften thätig sind? Ist es Bescheidenheit, wenn wir fortwährend hören müssen, daß die Brüder da hinzueilen, wo „anderen die Last zu schwer wird?" Wir sagen: nein! denn noch niemals hat es an Bewerbern für die Aufseherstellen in den Preußischen Strafanstalten gefehlt! Man vergesse doch bei solchen Berührungen nicht das auskömmliche Gehalt, welches sogar höher ist, als die den übrigen Subalternbeamten im Gefängnißdienste gewährte Entschädigung.

Wenn in Preußen bisher keine größeren Uebelstände zu Tage getreten sind, so liegt dies an dem einfachen Umstande, daß Dr. Wichern geistliches und weltliches Oberhaupt für die Gefängnißbeamten des rauhen Hauses in einer Person ist.

Die ganze Einrichtung von Moabit zu kritisiren, bildet eine Aufgabe, welche wir uns hier nicht gestellt haben. Wohl könnte man von der Preußischen Regierung weiter fordern, daß sie die neuen

Fortschritte des Auslandes, insbesondere die Irischen Zwischen=
Anstalten, für welche sich die größten Namen nicht nur Deutsch=
lands, sondern Europas, Männer wie Dr. Julius, Mittermaier,
Hoyer, Bérenger, Graf Cavour und andere erklärt haben,
einer eingehenden Prüfung unterziehe und Rechenschaft dafür ablege,
weswegen bewährte Fortschritte außer Augen gelassen worden, wes=
wegen es der Verwaltung überlassen bleiben soll, hier und da nach
ihrem Gutdünken ohne einheitlichen Plan eine Uebergangsanstalt ver=
kümmerter Art herzustellen. Allein dies zu fordern, würde uns
nicht mehr anstehen, nachdem das Ministerium des Innern in seiner
Aufforderung an die Abgeordneten, die gesetzgeberische Initiative zu
ergreifen, eine vorläufige Incompetenzerklärung seiner sach=
verständigen Kräfte abgegeben hat.

Gegen die weitere Ueberschwemmung Preußischer Strafanstalten
durch Brüder des rauhen Hauses muß aber bei Zeiten Vorkehrung
getroffen werden. Das Recht der Gefangenen wie das Interesse
der Staatsverwaltung scheinen uns dies gebieterisch zu fordern. Die
Lösung der bisher eingegangenen Verbindlichkeiten muß unverzüglich
in Angriff genommen werden.

Auf wessen Seite sich die öffentliche Meinung und das leiden=
schaftslos gewonnene Urtheil sachverständiger Männer stellen werden,
kann nur die Zeit lehren. Möge es keiner traurigen Erfahrung be=
dürfen, bevor man zur Entscheidung gelangt.

Was die Gegenwart betrifft, so haben wir vielleicht Anspruch
auf den Dank der Brüderschaft des rauhen Hauses. Der Umstand,
daß uns die öffentliche Meinung beipflichtet, könnte möglicher
Weise ein Anlaß werden, ihre Stellung noch mehr zu befestigen.